ULLSTEIN

Das Buch

Es soll Frauen geben, die in Orangensaft getränkte Wattebäuschchen essen oder gar Schlaftabletten schlucken, wenn eine Hungerattacke naht. So hat jede ewig Schlanke ihr Geheimnis. Die beiden Autorinnen, selbst zigfach diätgeschädigt, verraten Ihnen alles, was Sie über Diäten wissen müssen: wieviel Kalorien Sie beim Bügeln verbrauchen, wie Sie in fünf Minuten fünf Pfund abnehmen oder was Sie tun können, wenn Sie versehentlich »echte« Cola anstatt Cola light getrunken haben. Ach, übrigens: Kalorien zählen tatsächlich. Und wie!

Die Autorinnen

Patricia Marx ist freie Autorin und Journalistin. Sie hat bereits mehrere Bücher veröffentlicht und schreibt regelmäßig für verschiedene Zeitungen und Zeitschriften, darunter *The New York Times Magazine* und *Vogue*. Susan Sistrom ist Schriftstellerin und Feinschmeckerin. Sie lebt und diniert in New York.
Bei einem gemeinsamen Abendessen stellten die Autorinnen fest, daß sie wahre Diätgenies sind. Zusammen hatten sie bereits 23 000 Pfund abgenommen – und 23 001 Pfund zugenommen. Sie beschlossen herauszufinden, was wirklich gegen Gewichtsprobleme hilft, und gründeten die Einrichtung des »Skinny Lunch«: Zahlreiche dünne und diäterfahrene Menschen wurden eingeladen, um endlich einmal über die Geheimnisse und Tricks der immer Schlanken auszupacken. Ergebnis: dieses Diätbuch der ungewöhnlichen Art. *Was dünne Frauen über Diäten wissen* eroberte in den USA auf Anhieb die Bestsellerlisten.

Patricia Marx & Susan Sistrom

Was dünne Frauen über Diäten wissen – aber nie verraten würden!

Aus dem Amerikanischen
von Anita Gerlach

Ullstein

Ullstein Taschenbuchverlag 2000
Der Ullstein Taschenbuchverlag ist ein Unternehmen der
Econ Ullstein List Verlag GmbH & Co. KG, München
Deutsche Erstausgabe

Titel der amerikanischen Originalausgabe: The Skinny
(Dell Publishing, a division of Random House, Inc., New York)
Übersetzung: Anita Gerlach
Redaktion: Verlagsbüro Dr. Andreas Gößling und Oliver Neumann GbR
Umschlagkonzept: Lohmüller Werbeagentur GmbH & Co. KG, Berlin
Umschlaggestaltung: HildenDesign – München/ Andrea Barth
Titelabbildung: Picture Press Corbis
Gesetzt aus der Omnibus und der Officina Sans
Satz: Josefine Urban – KompetenzCenter, Düsseldorf
Druck und Bindearbeiten: Clausen & Bosse, Leck
Printed in Germany
ISBN 3-548-35979-5

Inhalt

Gewidmet Tante Jemima, Sara Lee,
Colonel Saunders, Ben & Jerry
und Baby Ruth

Und natürlich Twiggy.

Und natürlich unseren Müttern.

Danksagung

Wir möchten Jim Traub und Buffy Easton danken, bei denen wir während des Abendessens (um genau zu sein: bei der Nachspeise) auf die Idee kamen, gemeinsam ein Buch zu schreiben.

Unser Dank gilt Richard Pine und all den großartigen Leuten im Dell Verlag, insbesondere Diane Bartoli, Kristin Cauthorn, Robyn Forkos und unserer wunderbaren Herausgeberin und Verlegerin Leslie Schnur.

Der größte Teil unseres Wissens stammt von unseren FreundInnen und RatgeberInnen bei den »Mittagessen für Dünne«. Wir danken:

Diane Asadorian, Susan Becker, Sarah Baldwin-Beneich, Lisa Birnbach, Helen Bransford, Jeff Brown, Sue Borowitz, Karen Brooks, Sasha Buhler, E. Jean Caroll, Joyce Caruso, Mary Beth Caschetta, Susan Casey, Phoebe Cates, Roz Chast, Bill Cohan, Patti Cohen, Jeff Conti, Sarah Crichton, Suzi Dietz, Jean Doumanian, Julie Flanders, Deb Futter, Laura Galen, Marjorie Galen, Ruthie Galen, Lynn Geller, Judith Gittenstein, Amy Godine, Louise Godine, Karen Goldsmith, Elaine Goldsmith Thomas, Gail Gregg, J. Halpern, Jane Hamblin, Amy Handelsman, Elizabeth Hayt, Lynn Hirschberg, Ann Hodgman, Phoebe Hoban, Joan Hornig, Muffin Humes, Julie Huss, Dee Ito, Rebecca Johnson, John Johnson, Marilyn Johnson, Suzy Johnson, J. S. Kaplan, Lisa Klausner, Victoria Klein, Cynthia Kling, Karen Klopp, Carol Kramer, Alex Kuczynski, Corby Kummer, Tajlei Levis, Gordon Lish,

Leslie Goodman-Malamuth, Karen Marta, Jane Martin, Joy Marx, Sarah Jane Marx, Richard Marx, Pearson Marx, Martha McCully, Celia McGee, Doug McGrath, Nell Minow, Nary Murray, Bill Ndini, Sara Nelson, Sheila Nevins, Lucille Nieporent, Sue Nirenberg, David Orlean, Debra Orlean, Annette Osher, Sara Paley, Lynne Pepall, Andy Port, Francine Prose, Rebecca Prussen, David Rakoff, Linda Ratner, Kathy Rich, Victoria Roberts, Jennifer Rogers, Marissa Rothkoph, Alison Rose, Nina Rosenstein, Victoria Rostow, Sally Sampson, Wendy Sarasohn, Irene Sax, Wendy Shanker, Susan Shapiro, Judith Shulevitz, Leslie Simitch, Dorothy Sistrom, Peter Sistrom, Lynn Snowden, Jeff Sonnenfeld, Jane Sosland, Anne Spieleberg, Susan Squire, Cyndi Stivers, Sarah Stuart, Sarah Thyer, Mary Turner, Mim Udovitch, Janet Unglass, Patricia Volk, Linda Winer, Lizz Winstead und Maxine Wishner.

Ganz besonderer Dank gebührt unserem Mediziner-Team – Manny Alvarez, David McDowell, Lorraine Eyerman, Susan Fried, Janet Kamin, Jeff Kaplan, Ann Kelly und Carey Willis.

Und schließlich sind wir unserem unermüdlichen und schlanken Forscher Dan Kaufman dankbar, der keine Kalorie ununtersucht ließ.

EINLEITUNG

Eines Abends sprachen wir beim Essen über die Osterweiterung der Nato, die Kantsche Erkenntnistheorie und die Möglichkeit, daß sich das Universum aus winzigen Superstrings zusammensetzt, die sich über zehn Dimensionen erstrecken ... Nein, das stimmt natürlich nicht. In Wirklichkeit betrachteten wir den Brotkorb und versuchten herauszufinden, welches Brot mehr Kalorien hat: das Vollkornbrot oder das Brot aus Sauerteig. Mit anderen Worten, wir sprachen über ein Thema, das wir aus dem Effeff kennen – das Fasten.

An jenem Abend ließen wir das Kalorienzählen bald sein und wendeten uns direkt unserem Thema zu. Wir rechneten aus, daß wir über die letzten 20 Jahre insgesamt rund 23 000 Pfund abgenommen und etwa 23 001 Pfund zugenommen hatten. Dabei verbrachten wir 40 bis 60 Prozent unserer Wachzeit und 60 bis 80 Prozent unserer Schlafzeit damit, uns den Kopf über unser Gewicht zu zerbrechen. Wir versuchten es mit wenig Fett/vielen Kohlehydraten, mit viel Fett/wenig Protein, mit viel von allem/wenig von allem. Eine von uns testete sogar die All-Artificial-Baco-Bit-Diät (sie hat nichts gebracht). Wir stellten fest, daß wir Kalorientabellen hersagen konnten wie Männer Fußballtabellen (und dann behaupten sie, Frauen hätten was gegen Mathematik!). Wir konnten uns zwar in der Regel nicht an die Handlung der Kinofilme erinnern, die wir gesehen hatten, aber wir wußten noch genau, daß wir dabei Popcorn in uns hineinfutterten, und ob es mit oder ohne Butter war. Wir wußten, welche Hose wir anziehen konnten, wenn wir fünf Pfund zu- oder abgenommen hatten. Wir konnten die ganze Nacht aufbleiben, um verschiedene Süßstoffmarken zu vergleichen.

Wir waren wahre Diätgenies.

Wie die meisten Frauen. Eigentlich schade, dachten wir, daß dieses Wissen nicht allgemein zugänglich ist. Wir beschlossen, kein Diät-Buch zu schreiben und nicht mit einem *revolutionären Plan* hausieren zu gehen. (»Essen Sie nur Nahrungsmittel mit Anfangsbuchstaben aus der ersten Hälfte des Alphabets, und dies nur an den Tagen im Monat, die durch drei teilbar sind!«) Statt dessen wollten wir Weisheiten und Gewohnheiten von Frauen, denen etwas an ihrem Gewicht liegt, zusammentragen. Wir beschlossen, mit möglichst vielen Menschen zu sprechen. Am Anfang mit Spezialisten, dann mit Leuten, die wirklich etwas vom Abnehmen verstehen, solchen nämlich, die es *geschafft* haben. Wir veranstalteten eine Reihe von Mittagessen – die wir sinnigerweise »Mittagessen für Dünne« nannten – mit unseren Freundinnen, mit Freundinnen unserer Freundinnen und deren Freundinnen, um Geheimnisse, Tips und Strategien auszutauschen, auf die wir in diesem weiten Feld gestoßen waren.

Wir waren nicht auf der Suche nach Zaubertricks (obwohl das reizvoll gewesen wäre). Letzten Endes ist das ideale Körpergewicht das Ergebnis von weniger Essen und mehr Bewegung (so steht es in den Diätbüchern); aber das ist nicht so leicht zu bewerkstelligen (das steht nicht in den Diätbüchern). Im Laufe der Jahre hatten wir unsere eigenen Methoden entwickelt, um uns seelisch aufs Abnehmen oder zumindest aufs Nichtzunehmen zu konditionieren. Wir wurden Meister der »Laß es mehr aussehen«-Technik, das heißt, wir bereiteten eine kleine Mahlzeit so zu, daß sie umfangreicher wirkte. Außerdem putzten wir die Zähne gleich nach dem Abendessen, um kleine Snacks vor Mitternacht zu vermeiden. Auf Reisen baten wir bei der Hotelreservierung in weiser Voraussicht um ein Zimmer ohne Minibar. Nun hofften wir, mehr Tricks dieser Art in Erfahrung zu bringen.

Wir wollten herausfinden, was wirklich hilft, und nicht das nachbeten, was den Diätbüchern zufolge Hilfe verspricht. Diese von Ärzten, Ernährungswissenschaftlern, Biochemikern und Diätgurus geschriebenen Bücher sind voller wissenschaftlicher Theorien, die sich gegenseitig widersprechen. Einmal war Protein der Schlüssel zum Abnehmen, dann wieder Glucose und tags darauf Butterschmalz. Auch Diätvorschläge aus Illustrierten langweilten uns, weil sie nur Altbekanntes wieder aufwärmen: »Nimm nicht den Lift, sondern die Treppe!«, »Trink acht Gläser Wasser pro Tag!«, »Versuch, weniger Fett zu verwenden!« Daß wir keinen Speck essen sollten, wußten wir bereits. Wir wollten Antworten für Fortgeschrittene. Enge Jeans oder weite Jeans? Frühstücken – ja oder nein? Soll man sich wiegen? Wieviel Pfund kann man abnehmen, wenn man mit seinem Freund Schluß macht?

Die Mittagessen für Dünne waren der schmackhafteste

Teil unserer Untersuchung. Natürlich stellt es eine Herausforderung dar, ein Essen mit Gesprächen über das Fasten zu organisieren, insbesondere in unserer Heimatstadt New York City, der Eßmetropole des Landes. Es wäre grausam gewesen, diese Mittagessen bei einem saftigen Lendensteak in Peter Lugers Steak House oder in Sichtweite von The Little Pie Company abzuhalten. Glücklicherweise gibt es in der überwältigenden Fülle der New Yorker Restaurants auch einige mit kalorienarmen Gerichten auf der Speisekarte: das Four Seasons mit seiner Schonkost zum Beispiel, Orso mit magerem Thunfisch und gegrilltem Gemüse oder das Coco Pazzo mit in Brühe pochiertem Kabeljau.

Das Problem bestand darin, diplomatisch und taktvoll vorzugehen. Aus Furcht, eine Bekannte könnte unsere Einladung zu einem Lunch für Dünne mißinterpretieren und meinen, wir hielten sie für übergewichtig, haben wir mit überschwenglichen Komplimenten nicht gespart, wie zum Beispiel: »Du weißt ja, du hast eine hervorragende Figur ... Du hast die beste Figur, die ich mir vorstellen kann ... Jede Wette, du bist die schlankeste Frau, die ich kenne ... Ich habe mich schon immer gefragt, wie du es machst, daß du dich so gut hältst ... Sicher bist du eine der Frauen, die von Natur aus schlank sind, stimmt's? O mein Gott, da fällt mir gerade ein, daß ich ein Buch über Schlankheitskuren schreibe. Hast du zufällig am Donnerstag um 13 Uhr Zeit für ein Mittagessen?«

Zu unserer Überraschung und unserem Entzücken fand fast jede Frau, an die wir uns wandten, daß sie zum Thema Körpergewicht eine Menge zu sagen hätte. »Ich komme wahnsinnig gern«, lautete die typische Antwort, »aber ich werde da sicher die Dickste sein.« Tatsächlich schienen nur die Frauen beleidigt, die wir für zu wenig körperbewußt gehalten und deshalb gar nicht erst zu unserem Lunch eingeladen hatten. »Ich kann einfach nicht glauben, daß ihr mich nicht für neurotisch genug haltet, um mich einzuladen!« beklagte sich eine Freundin und ließ dann die absonderlichsten Schlankheitskuren Revue passieren, denen sie sich seit ihrer Jugend unterzogen hatte.

Diese Mittagessen waren aufschlußreich und amüsant, und das nicht nur für die unmittelbar Beteiligten. Gegen Ende eines Essens kam im Hinausgehen eine Dame vom Nebentisch zu uns und versicherte uns, wie sehr sie es genossen habe, unserem Gespräch zu lauschen. Die Kellner lungerten, nachdem sie das Essen aufgetragen hatten, meistens um unseren Tisch herum, um zum Beispiel unsere Theorie darüber mitzubekommen, weshalb Hunde immer Vanilleeis von Häagen-Dazs auf das Steak haben wollten (der Vater einer Bekannten hatte dieses Experiment nachweislich bei sich zu Hause in der Küche durchgeführt). Wir holten alle möglichen Ratschläge ein, die vom einfühlenden »Wenn du eine Schlankheitskur machst und Kinder im Haus sind, dann kauf für sie lieber Kekse, die dir nicht schmecken«, bis zu dem mehr oder weniger einfallsreichen Vorschlag »Wirf Eisstückchen ins Wasser, denn kaltes Wasser verbrennt mehr Kalorien als lauwarmes« reichten.

Nicht jede der an unseren Mittagessen beteiligten Frauen fühlte sich als Schlankheitsfanatikerin, jedenfalls nicht im Sinne von Hüttenkäse-und-eine-halbe-Grapefruit. Aber fast jede hat über die Jahre hinweg ein eigenes Eß- und Bewegungssystem entwickelt, um eine gewisse Kontrolle über ihr

Gewicht zu haben. Einige befolgen absolut strenge Regeln (»Iß nie vor halb vier Uhr nachmittags!«), andere behandeln sich freundlicher (»Kein Alkohol, außer Bier. Bier zählt nicht zu Spirituosen; und bei bestimmten Anlässen Wein auch nicht«). Wieder andere Frauen hatten so lockere Regeln, daß sie diese Bezeichnung eigentlich gar nicht verdienen (»Ich versage mir nie etwas«).

Und was hilft nun? Wir kamen zu dem Schluß, daß Abnehmen eine sehr persönliche Angelegenheit ist. All die Frauen, die uns ihre Erfahrungen bei den Mittagessen für Dünne, beim Anstehen an Buffets, am Multistepper im Fitneßstudio und – vor langer Zeit – während der nächtlichen Gespräche im Schlafsaal mitteilten, hatten sich ein individuelles Programm aus vielen herkömmlichen Schlankheitskuren zusammengestellt. Die »Fastenkuren für jedermann« aus der einschlägigen Literatur eignen sich eben nicht für alle, hörten wir immer wieder. Was wirklich hilft, ist ein auf den persönlichen Bedarf zugeschnittener Methoden-Mix. Beweggründe und Vorgehen unterschieden sich bei den Frauen, mit denen wir uns unterhielten, und ihre Ziele ebenso. Im folgenden finden Sie die Erfahrungen und Empfehlungen dieser Frauen, gepaart mit unseren eigenen, die wir auf dem mühsamen Weg beim Abspecken unserer 23 000 Pfund gesammelt haben.

UNSER CREDO

**Wir glauben, daß Frauen,
die eine Schlankheitskur machen,
mehr wissen als die Ärzte,
die sie untersuchen**

Sobald eine neue Theorie zur Gewichtsabnahme auftaucht, gibt es auch schon ein Diätbuch zur Beweisführung – und ein weiteres, das das Gegenteil beweist. Je mehr Literatur wir über Schlankheitskuren lesen, um so mehr sind wir davon überzeugt, daß alle Ärzte und Ernährungswissenschaftler zusammen sehr wenig wissen, obgleich sie ihre Thesen mit unerschütterlicher Sicherheit vortragen. Jahr für Jahr löst eine Mode die andere ab, bis schließlich keine mehr übrigbleibt und sich das Rad wieder von neuem zu drehen anfängt. Kaum hat die *Diät der Königlichen Kanadischen Luftwaffe* ausgedient, feiert sie in der *Stillman-Diät* ihr Comeback, um nach einigen Jahren als *Diabetes-Heildiät* wieder aufzutauchen. Im Jahr 1972 lasen Millionen Amerikaner *Diät-Revolution. Gut essen – sich wohlfühlen – und abnehmen mit Dr. Atkins* und aßen Hamburger, Eier und Sahne. 1977 lasen sogar noch mehr Amerikaner *Dr. Atkins' New Diet Revolution* und aßen weiterhin Hamburger,

Eier und Sahne. Eine frühe Version dieser Schlankheitskuren wurde schon im Jahr 1863 von William Banting, dem Leichenbestatter der königlichen Familie von England, vertrieben; sein *Banting's Letter on Corpulence* warb für eine Diät mit wenig oder gar keinen Kohlehydraten.

Auf der anderen Seite sind da die Frauen, die gewissermaßen Feldforschung betreiben: Frauen, die in die Länder der Dritten Welt fahren, um mal eben schnell acht Pfund loszuwerden (siehe »Reisen«); Frauen, die sich nur in teuren Restaurants verabreden, weil dort die Küche weniger dick zu machen verspricht (siehe »Ein Restaurantbesuch«); Frauen, die gegen plötzliche Freßlust ankämpfen, indem sie sich die Fingernägel lackieren, damit sie sich nichts Eßbares in den Mund schieben können; Frauen, die, um ihren Magen zu füllen, ganze hartgekochte Eier hinunterschlucken (siehe »Spezial-Fastentips«); schließlich Frauen, die wissen, was zu tun ist, will man auf einem Foto schlank aussehen, selbst wenn man noch so dick ist (siehe »Wie Sie auf einem Foto schlank aussehen können [ohne schlank zu sein]). *Diese* Frauen kennen die Antwort.

Wir glauben, daß uns Ihr Wertesystem nichts angeht

Wir haben nicht vor, Sie zu belehren. Im Gegensatz zu anderen Autoren von Diätbüchern tun wir nicht so, als wären wir Ihr Arzt, Ihr Psychotherapeut, Ihr Schamane oder Ihre Mutter. Wir werden Ihnen auch nicht vorschreiben, daß Sie, um abzunehmen, Ihr Leben positiv verändern müssen; auch nicht, daß Sie mehr Selbstachtung haben oder über Ihre Kalorien Buch führen sollen; auch nicht, daß Sie etwas für

Ihr Seelenheil tun oder zu Gott finden sollen. Wir wollen Ihnen keine Gesundheitskost verordnen. Wir wollen Sie nicht zum Sport zwingen. Ja, wir wollen uns nicht einmal mit Ihnen über Ihre Gesundheit unterhalten. Die meisten unserer Tips sind ziemlich gesund, aber ein paar, von denen Sie hören werden, sind es ganz und gar nicht. Wußten Sie zum Beispiel, daß einige Frauen Paracetamol verwenden, um ihren Stoffwechsel zu beschleunigen (siehe »Ephedrin«)? Daß eine unserer Bekannten jedesmal, wenn die Freßlust sie überkommt, eine Valiumtablette schluckt und dann den Fernseher einschaltet? Daß die meisten Frauen berichten, sie nähmen bei extremen Gefühlsschwankungen besonders stark ab (siehe »Kummer, Angst und Depression«)? Das soll nicht heißen, daß wir den Drogen oder der Ehescheidung das Wort reden – wir stellen nur Tatsachen fest. Wir wollen Ihnen lediglich mitteilen, was *wirklich hilft.* Für uns hat Abspecken nichts mit Moral, sondern schlicht mit der Durchführbarkeit zu tun.

Natürlich weisen wir Sie auf Risiken hin, aber entscheiden müssen Sie selbst. Schließlich sind Sie erwachsen und kennen Ihr Wertesystem. Und wenn Ihre Gesundheit nicht dazugehört, dann rauchen Sie ruhig weiter. Mit ziemlicher Sicherheit werden Sie dadurch abnehmen.

Wir glauben, man hat besser erst ab- und dann wieder zugenommen, als nie abgenommen

Der übliche Einwand gegen Schlankheitskuren ist, daß sie nicht vorhalten und die Gewichtsabnahme nur vorübergehend ist. Eine häufig zitierte Studie der Gesundheitsbehörden belegt, daß es bei dem Versuch abzunehmen nur einer von 200 Personen gelingt, mindestens zehn Pfund loszuwerden und ihr Gewicht dann ein Jahr lang zu halten. Aber was beweist das schon? Einmal duschen hält auch nicht lange vor. Wenn der Mensch sauber sein will, muß er bis an sein Lebensende tagtäglich duschen. Deswegen braucht man noch lange nicht aufzugeben und zu beschließen, daß man genausogut schmutzig bleiben kann. In Wahrheit haben die meisten Schlankheitskuren Erfolg, das heißt, Sie werden abnehmen, wenn Sie die Vorschriften beachten. Wir sehen natürlich ein, daß es nicht immer leicht ist, eine Diät durchzuhalten. Deswegen haben wir Strategien ausgearbeitet, damit Sie Ihre Eßgewohnheiten ändern und die neue Therapie befolgen.

»Aber niemand kann eine Diät ewig durchhalten«, geht es weiter. Einige Menschen können es, und wir haben sie kennengelernt. Aber zugegebenermaßen halten die meisten ihre Diät nicht ein Leben lang durch: Entweder fasten sie von Zeit zu Zeit, oder sie lassen es für immer bleiben. Wenn Sie in ihre alten Eß- und Bewegungsgewohnheiten zurückfallen, werden Sie leider wieder etwas zunehmen. Eine Schlankheitskur ist keine Impfung, die Sie bis zum Ende Ihres Lebens vor Gewichtszunahme schützt oder dagegen immun macht. Entgegen der allgemeinen Annahme wird jedoch jemand, der eine Fastenkur abbricht, auf lange Sicht nicht unbedingt *mehr* zunehmen, als er vorher abgenommen hat. Viele Forscher folgern daraus, daß eine Yo-Yo-Fastenkur nicht lange anhält, daß sie aber auch nicht besonders schadet.

Sei's drum. Selbst wenn Sie wieder zunehmen – es war doch herrlich, eine Zeitlang schlank gewesen zu sein!

Wir glauben nicht, daß langsam unbedingt besser ist

Wahrscheinlich ist es wesentlich sinnvoller, eine Schlankheitskur zu machen, bei der Sie in zehn Jahren zehn Pfund verlieren. Nach zehn Jahren wiegen Sie dann schließlich zehn Pfund weniger. Natürlich wirft einen das nicht gerade vom Hocker. Verfechter dieser maßvollen Fastenkuren erklären Ihnen, daß das Gewicht, das Sie langsam verloren haben, nicht so schnell wieder draufkommt wie bei Radikalkuren. Dafür fasten Sie aber länger!

Wir selbst sind vom gemäßigten Vorgehen nicht begeistert. Zwar funktioniert es bei vielen Leuten. Für den Organismus ist der Schock geringer, und die Diät scheint insgesamt eher dem Fett als der Muskulatur zu Leibe zu rücken. Es gibt jedoch Frauen, die den psychologischen Kick brauchen, sehr *schnell* sehr viele Pfunde zu verlieren, um dann vernünftiger weiterfasten zu können. Manche werden jetzt einwenden, »das war nicht Speck, das war nur Wasser«. Aber lieber Wasser als überhaupt nichts, selbst wenn man danach schnell wieder zunimmt. Außerdem gibt es eben ein paar Anlässe, für die man schnell abnehmen muß. Nehmen wir einmal an, nächsten Monat müssen Sie in Ihr Hochzeitskleid passen. Dann wäre es ja wohl eine Schnapsidee, den Heiratstermin um zehn Jahre zu verschieben.

Wir glauben an Kalorien

Wenn es sie doch bloß nicht gäbe! Aber es gibt sie leider. Und sie sind, glauben wir, der Schlüssel zu einer Superdiät. Im allgemeinen ist es doch so, daß man um so mehr zunimmt, je mehr Kalorien man zu sich nimmt. Egal, ob man sie alle auf einmal ißt, in zwölf Tagesrationen, spätabends oder dabei Kopfstand macht. Wir glauben nicht an kalorienarme Nahrung. Wir sind auch höchst skeptisch gegenüber den Voodoo-Kombinationen, die sich irgendwie im Magen vermengen und ihrer Kalorienzahl nach größere Dickmacher sind als die einzelnen Zutaten. Und wir tun uns schwer mit der Behauptung, bei Allergien gegen bestimmte fetthaltige Nahrungsmittel könne man übermäßig zunehmen (obwohl manche Menschen nach dem Verzehr bestimmter Speisen tatsächlich aufgedunsen aussehen).

Was ist mit all den Schlankheitskuren wie der Atkins-Diät, der Reisdiät, den verschiedenen Wenig-Fett-Diäten oder der Speiseeisdiät, bei denen Sie unbegrenzte Mengen kalorienreicher Nahrung essen dürfen? Viele dieser Schlankheitskuren sind sicher nicht für jeden Typ geeignet. Wenn sie funktionieren – und wir haben tatsächlich von Erfolgen gehört –, dann offenbar so, daß man vom extrem kalorienreichen Essen schon satt ist, bevor man zu viele Kalorien verzehrt hat. Anders ausgedrückt: Nach einer bestimmten Anzahl von Kalorien wird einem so schlecht, daß man einfach nicht mehr weiteressen kann, egal, um welche Nahrungsmittel es sich handelt (siehe »Monodiäten«). Wer jeden Tag eine ganze Kuh verspeist, nimmt zu, auch wenn es nur Eiweiß ist.

Leider bedeutet dies nicht, daß man, wenn man seine Kalorienzufuhr täglich um, sagen wir, 200 Kalorien verringert, im gleichen Maß abnimmt wie zu Beginn der Diät. Denn beim Abnehmen verlangsamt sich möglicherweise der Stoffwechsel, also das Verhältnis, in dem Ihr Körper Fett in Energie umwandelt. Das ist die unerfreuliche Seite bei Schlankheitskuren, nicht aber beim Abnehmen durch Kalorienreduzierung. Womit wir bei einer weiteren Überzeugung angelangt wären ...

Wir glauben auch an Bewegung

Bewegung scheint der einzige nicht-medikamentöse Weg zu sein, um den Stoffwechsel anzuregen. Das soll nicht heißen, daß Bewegung allein schlank macht. Und es soll auch nicht heißen, daß man essen kann, was man will, solange man sich bewegt. Schlanksein ist Ergebnis einer Wechselwirkung von beidem: Fasten und Bewegung. Wir richten unser Augenmerk auf ersteres, denn über Bewegung gibt es nicht viel zu sagen, außer: »Tun Sie es!« (Zu Einzelheiten über Art, Zeitpunkt und Ort siehe »Sport«.) Darüber hinaus kann man, so haben uns viele Frauen erzählt, kurzfristig durch Fasten ohne Bewegung abnehmen, dagegen ist es umgekehrt viel schwieriger, seine Pfunde nur durch Bewegung herunterzubekommen. Auf lange Sicht kommt man um beides nicht herum.

Bei unseren Mittagessen für Dünne dämmerte uns die klare Erkenntnis: Es gibt Schlanke, die sich nie bewegen, und es gibt Dicke, die wie wild trainieren. Wir werden den Verdacht nicht los, daß die Dünnen immer in Bewegung sind, selbst wenn sie nicht ins Fitneßstudio gehen, und daß die Dicken sich auf ihre Erschöpfung herausreden, um damit ihre Freßlust zu rechtfertigen. Man sollte jedoch nicht übersehen, daß gewisse chemische Vorgänge im Körper von Ihrer Veranlagung abhängen. Mit anderen Worten ...

Wir glauben, das Leben ist unfair

In einem New Yorker Restaurant beobachteten wir ein Model, Gewicht zweistellig, wie sie Lammkoteletts, Brot und Tiramisu verschlang. Auf dem Damenklo sahen wir kurz darauf, wie sie diesen Kalorien auf umgekehrtem Wege zu Leibe rückte, was jedoch dem Kapitel »Ephedrin« vorbehalten bleibt. Selbst ohne Zuhilfenahme chemischer Mittel ist dieses Model höchstwahrscheinlich dünner als Sie. Der Stoffwechsel ist im großen und ganzen von der Veranlagung abhängig. Mit Gymnastik läßt sich zwar einiges erreichen, dies ist jedoch 1. mit viel Anstrengung verbunden, und 2. wird Ihr Körper dennoch Fettpolster ansetzen. Zudem sind wir genetisch zu einer bestimmten Körperform veranlagt, die sich nur geringfügig ändern läßt, es sei denn, man sucht einen plastischen Chirurgen auf. Nur an bestimmten Stellen abzunehmen ist Utopie. (Man braucht dies nur auf dem Tennisplatz zu beobachten. Auch wenn nur ein Arm beansprucht wird, bleiben die Fettpolster beim Tennisspieler ziemlich gleichmäßig auf beide Arme verteilt.) Sie haben sich wahrscheinlich eine ganz andere Figur erträumt. Aber was kann man dagegen schon machen? Sie können sich eine Plakette anstecken mit der Aufschrift »So wollte ich eigentlich nicht aussehen« oder alle Eitelkeit fahrenlassen und mit Ihrem Gewicht zufrieden sein. Oder Sie versuchen, gegen das anzukämpfen, was wir das dritte Gesetz der Thermodynamik nennen: Die Leute neigen dazu, immer fetter zu werden. Aber seien wir ehrlich – selbst wenn Sie dünn sind: Abnehmen macht lange nicht so viel Spaß wie Zunehmen. Das ist nicht fair, aber wahr.

EẞSTÖRUNGEN

Spaß beiseite – wenigstens für den Augenblick. Wir sind uns darüber im klaren, wie verheerend sich Eßstörungen auswirken können, und wir möchten Ihnen auf keinen Fall noch Schlimmeres zufügen. Falls Sie Ihr Diätprogamm nicht mehr im Griff haben oder es Ihnen an die Substanz geht, dann ist unser Buch nichts für Sie. Das gleiche gilt, wenn Sie an irgendeiner Krankheit leiden. Auch für Teenager ist es nicht geeignet. Es ist für Erwachsene (uns selbst eingeschlossen) gemacht, die sich um ihr Wohlbefinden und ihr Aussehen Gedanken machen, jedoch immer mit Rücksicht auf Gesundheit und Wohlgefühl.

QUANTITÄT UND QUALITÄT

Die Gefräßige hat mehr Spaß am Essen an sich als am Genießen der Speisen. Für sie bedeutet *eine Portion* so viel, wie sie im Einkaufskorb beziehungsweise im Haus hat. Sie versucht, langsam zu essen, um das Vergnügen voll auszukosten – kann aber oft der Versuchung nicht widerstehen und schlingt dann doch. Es kommt ihr nicht auf den Geschmack an, sondern auf das Vergnügen, sich Eßbares in den Mund zu stopfen. In ihrer Verzweiflung ißt sie schon einmal Billigprodukte, Salat ohne Dressing, sogar Sachen, deren Verfallsdatum um einige Tage überschritten ist. Sie ißt in einem fort (mit »sie« meinen wir natürlich »wir«).

Gefräßige sind übrigens nicht das gleiche wie Gelegenheitsfresserinnen. Frauen, die zum zweiten Typ gehören, sind mit Sprintern vergleichbar, Gefräßige mit Langstreckenläufern. Die Gefräßige kann den ganzen Tag lang Mohrrüben knabbern, die Gelegenheitsfresserin dagegen verschlingt auf ihrer Freßtour einen Kuchen, ein Pfund Speiseeis, zahllose Scheiben Brot und nennt das dann einen gelungenen Abend. Die richtig Gefräßige ist so charakterfest, den Nebeneffekt eines kalorienlosen Essens (wie zum Beispiel grünen Salats) gleich zum Abnehmen zu nutzen. Bei unseren Mittagessen für Dünne erzählte uns eine Frau, sie sei Vegetarierin geworden, damit sie länger viel essen könne, ohne dabei dick zu werden.

Die auf Qualität achtende Feinschmeckerin dagegen genießt ihr Essen. Lieber würde sie gar nichts essen als minderwertige Gerichte. Sie hat das Zeug zum Essenssnob. Oft greift sie zu Dickmachern: üppigen Soßen, feinem Gebäck, fettem Fast food. Trotzdem hat sie kaum Probleme mit ihrer Figur. Schon nach einem Bissen oder zumindest nach einer ganz normalen Portion ist sie satt. Hat sie einmal gekostet, kann sie sofort aufhören – weil ihr nichts am Vorgang des Essens liegt. Die auf Qualität Bedachte kauft sich schon mal ein Eis in der Waffel, schleckt daran und wirft den Rest in den Abfall. Die hat's gut. Wir hassen sie.

Wenn Sie zu unserem Buch greifen, dann sind sie wahrscheinlich eine Gefräßige. Oder, noch schlimmer, eine auf Qualität bedachte Gefräßige, also jemand mit Vorliebe für riesige Mengen erstklassigen Essens. Die sogenannte Qualitätsesserin ist davon überzeugt, daß Vielesserinnen entweder gefräßig oder Psychopathen sind, die irgendwelche schwerwiegenden seelischen Probleme mit Essen kompensieren. Das kann stimmen oder auch nicht. Gefräßige Frauen essen zwar oft, weil sie sich langweilen, weil sie allein, wütend oder deprimiert sind. Aber aus genau denselben Gründen essen auch die Qualitätsbewußten. Damit ist diese Erklärung hinfällig. Schlußendlich kann niemand mit Sicherheit sagen, woher der Appetit kommt.

Trotzdem basteln die Wissenschaftler weiter an einer Menge Theorien. Der Hypothalamus, ein Teil unseres Gehirns, sagt uns, daß wir hungrig sind, aber leider hat noch niemand herausgefunden, was den Hypothalamus zu diesem

Impuls veranlaßt. Wir werden anscheinend auch hungrig, wenn der Glukosespiegel sinkt, wenn wir zuwenig Serotonin-Aufnahmehemmer, zuwenig Adrenalin oder zuviel Endorphin in uns haben. Auch die Evolution ist schon für den Hunger verantwortlich gemacht worden. Demnach hat der Mensch viel Zeit mit der Beschaffung von Nahrungsmitteln verbracht (sonst hatte er damals ohnehin kaum Spaß). Es lag nicht nur in unserem entwicklungsgeschichtlichen Interesse, möglichst viele Vorräte in der Höhle zu horten. Vielmehr war es beinahe notwendig, Fettpolster anzulegen, von denen wir dann im Falle einer Hungersnot zehren konnten. Dazu eigneten sich stark zucker- und fetthaltige Nahrungsmittel am besten, so daß wir uns für deren Beschaffung auch am meisten plagten. Prähistorische Höhlenzeichnungen zeigen unter anderem Höhlenmann und Höhlenfrau, wie sie den Bienen mit unglaublichen Methoden ihren Honig raubten. Der Mensch ist also aufs Fettsein programmiert. Großartig! Sie sind gefräßig und möchten gern dünn sein. Was läßt sich da machen?

- Stecken Sie keine eßbaren Gegenstände in den Mund. Kauen Sie auf Ihrem Bleistift herum. Gewöhnen Sie sich daran, Wasser zu trinken und Sägemehl zu essen. Nagen Sie Truthahnknochen ab, statt den Braten zu essen. Lutschen Sie (zu Hause!) an einem Schnuller (siehe »Sex«).
- Zelebrieren Sie Eßrituale, mit denen Sie eine Mahlzeit verlängern oder abbrechen können. Beachten Sie, daß Dünne langsam essen. Das sollten Sie auch tun. Schneiden Sie Ihr Essen in lächerlich kleine Stückchen und spielen Sie dann damit auf dem Teller herum. Kauen Sie Ihr Essen, bis

der Kiefer wie nach einem Eßmarathon völlig erschöpft ist. Oder noch besser, lutschen Sie Ihr Essen, statt es zu kauen. Eine Frau erzählte uns, daß Sie ihre Mahlzeit oft unterbricht, indem sie sich eine Zigarette anzündet. Eine andere berichtete, daß sie beim Abendessen einen Streit mit ihrem Ehemann anzettelt, um dann beleidigt den Tisch zu verlassen. Sie haben keinen Ehemann? Dann gehen Sie einfach in ein Restaurant und legen sich mit den Leuten am Nebentisch an. Dabei fällt uns ein:

- Essen Sie in einem Restaurant, in dem die Bewegungen der Bedienung so zäh sind wie Zuckermelasse (kalorienarme Melasse natürlich).
- Überfressen Sie sich so lange an Ihren Lieblingsgerichten, die Sie nachweislich fett machen, bis Sie Abscheu davor haben. Eine Frau erzählte uns, daß sie kein Eis mehr sehen kann, seit sie in einer Eisdiele gearbeitet hat. Anschließend nahm sie eine Stelle in einer Schokoladenfabrik an, und jetzt kann sie keine Schokolade mehr sehen. Schließlich ging sie nach Japan, weil sie japanisches Essen haßt, und aß monatelang bei Burger King. Sie wird nie wieder einen Fuß in ein Burger-King-Restaurant setzen. Wahrscheinlich haben Sie im Moment nicht die Zeit, um in einer Bäckerei zu arbeiten, aber es würde ja schon genügen, wenn sie eine ganze Nacht lang Kuchen essen ...
- Entwickeln Sie eine Abneigung gegen das Kochen. Kochen Sie einen vollen Monat lang mehrgängige Menus für Ihre Familie. Benutzen Sie möglichst oft im Sommer in einer Küche ohne Klimaanlage den Backofen. Bereiten Sie alle Zutaten selbst zu.

DER VERGRÖßERUNGSTRICK

Einmal vertraute uns ein schlanker Mann an, er mache seine Fastenkuren heimlich, am liebsten nach der Methode acht zu eins, das heißt, er nimmt acht karge Mahlzeiten zu sich, um sich dann das schmecken zu lassen, was sein Herz begehrt. Letzteres ist einfach, aber wie überlebt er die kargen Ma(h)le? Unter anderem verriet er uns folgenden Tip: Bereite kleine Essensmengen so zu, daß sie nach mehr aussehen – natürlich ohne Spiegel und Vergrößerungsglas. Herr Schlank gießt Wasser in die aufgeschlagenen Eier, bevor er sie verquirlt, wirft alles, was ihm unterkommt, in einen Mixer mit Eisstückchen und schneidet Obst in Würfel, statt es ganz zu essen. (Er behauptet beispielsweise, er könne eine große Navelorange in weniger als einer Minute in 30 oder 40 Häppchen schneiden.) Wenn er sich bei einem kleinen Imbiß die Illusion eines üppigen Mahles verschaffen will, ißt er Apfelscheibchen mit der Gabel. Unter Anwendung der »Silotechnik« richtet er sein Essen in Schichten an. Zum Beispiel werden Broccoli oder Salade Niçoise mit Hilfe eines Salatbettes oder eines trockenen Reishügels besonders hoch gestapelt. (Man könnte vielleicht auch die in Verpackungen gebräuchlichen Styroporkügelchen verwenden.) Groß und schlank, sagt er, ist besser als klein und füllig. Wie bei kleinen Frauen, würden wir dem gern entgegensetzen.

Mageres Essen kann übrigens auch reichhaltig aussehen. Denken Sie nur an Carpaccio – hauchdünne Fleisch- oder Fischläppchen, die so platt gewalzt wurden, daß man ganz Texas damit bedecken könnte. Sie zu verspeisen, dauert ähnlich lang wie eine Fahrt durch diesen Staat.

KALORIEN PRO MINUTE

Sicher, Kalorien sind wichtig, aber sie sind nur die eine Seite der Medaille. Ungefähr genauso wichtig ist die Anzahl der Kalorien, die man pro Minute zu sich nimmt, anders ausgedrückt, der *Grad* der Kalorienaufnahme. Slow-food-Gerichte – je langsamer, desto besser – sind der Schlüssel zum Abspecken. Was ist Slow food? Bestimmt haben Sie schon von Fast food gehört. Fast food ist bequem, billig und üppig. Trotz der hohen Kaloriendichte ist es leicht zu essen – eine tödliche Kombination. Schneller, als Sie »Doppel-Whopper« sagen können, haben Sie eine Million Kalorien Fast food verzehrt. Mit Slow food kann Ihnen das nicht passieren. Zwischen dem Moment, in dem Sie überlegen, ob Sie überhaupt Slow food essen sollen, und dem Moment, in dem sie es tatsächlich zum Mund führen, kann sehr, sehr viel Zeit vergehen. Bis dahin können Sie glatt verschmachten. Deswegen ist Slow food auch so schwer zu finden (Mamey Colorados gehört z. B. dazu, eine Obstsorte, die es nur im kubanischen Hinterland gibt), so kompliziert zuzubereiten (wie zum Beispiel Pfahlmuscheln, die man stundenlang abschrubben muß, ehe sie in den Kochtopf wandern) und oft so schwierig zu essen. Manchmal ist es so schwierig zu essen, daß man schon vor dem Ende der Mahlzeit aufgibt. Ob Slow food kalorienarm oder kalorienreich ist, ist nicht das ausschlaggebende Kriterium. Viel wichtiger ist, daß es wenig *Kalorien pro Minute* bedeutet.

Vergleichen wir zum Beispiel geröstete Cashewnüsse und Pistazien. Beide sind kalorienreich – ungefähr 160 Kalorien auf 30 g. Pistazien in der Schale haben jedoch viel weniger Kalorien pro Minute (KPM) als die Cashewnüsse, weil es viel länger dauert, bis man sie aufgebrochen hat. Genau berechnet haben 30 g geröstete Cashewnüsse – das entspricht 18 mittelgroßen Nüssen – 163 Kalorien. Bei unserer nichtwissenschaftlichen Beobachtung haben wir festgestellt, daß ein durchschnittlicher Esser es auf 20 Cashewnüsse pro Minute bringt. Deshalb haben Cashewnüsse 181 KPM. Etwa 30 g geröstete Pistazien mit Schale, ungefähr 25 Kerne, haben 160 Kalorien. Im Durchschnitt kann man aber nur acht Pistazien pro Minute öffnen und essen. Folglich liegt der KPM-Wert für Pistazien bei 51. Der Kalorienunterschied ist unerheblich, dennoch wird die schlanke Frau fraglos Pistazien mit Schale wählen. (Der KPM-Wert von 80 für Pistazien kann durch mancherlei Unvorhergesehenes noch unterschritten werden: Eine Nuß läßt sich besonders schwer öffnen, oder Ihnen bricht ein Fingernagel ab und Sie müssen eine Essenspause einlegen. Ein besonderer Glücksfall wäre, wenn Sie sich mit einer Schale so tief in den Finger schneiden, daß Sie ins Krankenhaus müssen, wodurch der KPM-Wert ganz erheblich gesenkt würde. Unser Rat lautet also: Kaufen Sie Pistazien, die sich nur mit schwerem Gerät öffnen lassen.)

Der KPM-Wert eines Nahrungsmittels läßt sich mit

mancherlei Tricks senken. Nehmen Sie zum Beispiel Zerealien. Im Nu haben Sie einen Teller Müsli – oder zwei oder drei oder vier – geleert. Wenn aber Rosinen und Kleie darin enthalten sind und Sie Rosinen hassen, dann brauchen Sie Stunden, um sich durch ein Schüsselchen zu quälen. Und noch etwas: Essen Sie Müsli mit dem Baby-Löffel …

Nahrungsmittel mit von Natur aus niedrigem KPM-Wert

Nahrungsmittel	Kalorien/Minute	KPM
450 g Hummer (gedünstet; keine Butter, es sei denn, abgetropft)	95 Kalorien/25 Min.	3,8
110 g Taschenkrebs (gedünstet)	110 Kalorien/9 Min.	12,2
Weinbergschnecke in Knoblauch-Butter-Soße	30 Kalorien/2 Min.	15
275 g Granatapfel	104 Kalorien/16 Min.	6,5
1 große Artischocke	23 Kalorien/10 Min.	2,3
1 Scheibe Wassermelone, Durchmesser 25 cm (inkl. Kerne vor jedem Bissen entfernen)	152 Kalorien/4 Min.	38
105 g Ölsardinen in der Dose, abgetropft	130 Kalorien/Dose läßt sich nicht öffnen	0

Informationen zu Slow food erhalten Sie zum Beispiel bei Slow Food Deutschland e. V. in 82541 Münzing, Hauptstraße 6, Tel. 0 81 77/ 92 60 66. Der Verein hat auch eine Website: http://www.slow-food.de

ERDNÜSSE

Nein! Keine Erdnüsse!*

*32 Tassen ohne Butter zubereitetes Popcorn = 1 Tasse Erdnüsse

DIE LAB

Hatten Sie schon einmal den Verdacht, daß die Lebensmittelaufsichtsbehörde (LAB) lügt? Daß sie uns nach einem geheimen Plan fett machen will, wenn sie behauptet, ein Eßlöffel Hüttenkäse habe 22 Kalorien, obwohl es tatsächlich 220 sind? Aber keine Sorge: Nach bestem Wissen der Behörde entsprechen die Angaben auf den Etiketten der Lebensmittel der Wahrheit. Die Informationsquelle der LAB – und hier könnten Sie wirklich paranoid werden – ist jedoch die Nahrungsmittelindustrie. Was, die Polizei verhört einen Delinquenten über sein Verbrechen?! Seien Sie beruhigt: Die LAB macht Hunderte von Stichproben und überprüft, ob die Angaben auf den Produkten auch der Wahrheit entsprechen. Nach Stand August 1998 hat sie jedoch – Paranoide, aufgepaßt! – seit 1993 nur zweimal kontrolliert. Springen Sie aber nicht gleich an die Decke. Denn wenn Sie der LAB stecken, daß Ihrer Meinung nach eine Firma falsche Angaben bezüglich der Kalorien macht, wird das Produkt erneut von einem Nahrungsmittelchemiker untersucht.

FETT

Fett ist ein nuancenreiches und hochgradig metaphorisches Wort. Sie sind fett, haben Fett, essen fett, sind fettfrei – Fett, das sind Sie. *Le Fett, c'est moi.* Also wollen wir zwischen jeder Fettschicht unterscheiden und sie genau definieren.

1. Sie sind fett

Sie sind beleibt, korpulent, fleischig, schwammig, plump, reif, stattlich, stämmig, untersetzt, schwerfällig, mollig, mehr als mollig, vierschrötig, gepolstert, fett, tonnenförmig, schwer, dicklich, aufgedunsen, schwabbelig, haben schwere Knochen, sind stramm, wohlgenährt, drall, rund. Ihre Klamotten passen nicht mehr. Sie sind fett.

2. Sie haben Fett

Der Mensch hat im Durchschnitt zwölf bis 30 Pfund Körperfett – in der Leber, in den inneren Organen, unter der Haut und genau an dem Teil der Hüfte, der durch Ihren Lieblingsrock leider voll zur Geltung gebracht wird. Ein Pfund Körperfett entspricht ungefähr 3 500 Kalorien, so daß das Körperfett des Menschen im Durchschnitt rund 42 000 bis

105 000 Kalorien beträgt. Die meisten Leute haben so viel Körperfett, daß sie damit 60 Tage ohne Essen überleben könnten.

Ihr Körper lagert Fett in eigenen Fettzellen ein und verbrennt es zu Energie. Diese Fettzellen bilden sich ständig neu, die meisten davon in ganz bestimmten Wachstumsphasen. So etwa im letzten pränatalen Monat, in den ersten zwei Lebensjahren und in den beiden Jahren vor Eintritt der Pubertät. Das eigentlich Deprimierende ist, daß Fettzellen niemals ganz absterben. Sie schrumpfen, verkümmern, aber sie verschwinden niemals ganz – höchstens durch Absaugen. Wenn Sie abnehmen, leeren sich die Fettzellen, aber die Zelle als solche bleibt bestehen. Jedesmal, wenn Sie bei Käsekuchen rückfällig werden, füllt sie sich wieder. Wenn Sie als Kind (oder eigentlich schon als Embryo) dick waren, haben Sie wahrscheinlich mehr Fettzellen als andere, die erst im späteren Leben anschwellen. Dies bedeutet nicht, daß Sie nicht dünn werden können, sondern bloß, daß Sie eine größere Anzahl kleiner Zelltaschen haben, die nur darauf warten, mit Extrakalorien gefüllt zu werden. Waren Sie als Kind nicht fett, dann heißt das noch lange nichts. Wenn Sie nämlich unbedingt jeden Abend in Ihrer Eisdiele eine große Portion vertilgen, entstehen in Ihrem Körper zusätzliche Fettzellen, da die bereits vorhandenen nicht geräumig genug sind, um den ganzen Fettkram aufzunehmen.

Wußten Sie schon, daß Fettzellen Extrakalorien aus jeder Nahrung aufnehmen, nicht bloß Extrakalorien aus dem Verzehr von Fett? Ihr Körper ist nämlich bestens darauf programmiert, sämtliche Nahrungsmittel in Fett umzuwandeln. Ein Lendensteak, Salatdressing, Sahnetorte, Tofu – was immer Sie auch essen, es dient als heimliche Reserve für eine zukünftige Selbstbefriedigung Ihrer Körperfettzellen.

Eine genaue Bestimmung Ihrer Fettzellen gibt Aufschluß darüber, wie sich Ihr Körpergewicht im einzelnen zusammensetzt, aus besagtem Fettkram im Verhältnis zu Knochen, Muskeln, Körperflüssigkeit und Organen. Im Idealfall beträgt das Körperfett 15 bis 25 Prozent bei Frauen und fünf bis 15 Prozent bei Männern. Genaue Werte kann man mit einer bioelektrischen Impedanzwaage (dabei wird elektrischer Strom – selbstverständlich ohne Ihnen Schmerzen zuzufügen – durch den Körper geschickt), durch Messung des Unterhautfettgewebes (eine Zange mißt Fett an vier verschiedenen zusammengedrückten Stellen der Haut) und durch anthropometrische Messungen (den Berechnungen liegt der Umfang von Bauch, Hüfte und Wade zugrunde) ermitteln.

Es ist für Sie durchaus von Interesse zu wissen, wie hoch Ihr Fettanteil im Körper ist, damit Sie einerseits damit angeben können und andererseits einen Überblick darüber haben, ob Sie beim Abnehmen wirklich Fett und nicht nur Wasser und Muskeln verlieren. Auch wenn Sie fasten und Sport treiben, wird sich Ihr Gewicht nicht so stark verändern, weil sich Muskeln bilden, und die wiegen ganz schön. Im Grunde ist es egal, ob Sie ihr Gewicht auf der Waage oder im Schlüpfer vor dem Spiegel kontrollieren, um festzustellen, wieviel Platz Ihr Körper einnimmt. Der Spiegel ist unserer Meinung nach sogar wichtiger als die Striche auf der Waage.

Falls Sie sich zu einer Fettmessung entschlossen haben, hier einige Möglichkeiten: Sie können sich eine bioelektrische Impedanzwaage kaufen, die kostet 159 oder 299 DM – je nach Ausstattung – und ist nicht viel größer als eine Küchenwaage. Informationen zur Tanita-BIA-Waage erhalten Sie bei Tanita Europe, Tel. 0 70 31/61 89-6, außerdem im Internet (deutschsprachig) unter http://www.sportika.ch/tanita.htm; oder Sie wenden sich an ein medizinisches Fachgeschäft, ein Sportgeschäft oder ein Fitneßcenter. Sie können auch Ihr Unterhautfettgewebe messen; die Zangen sind ziemlich preiswert. Aber es ist gut möglich, daß Sie nicht jedesmal die gleiche Stelle zum Messen erwischen, und dann weichen die Ergebnisse wie verrückt voneinander ab. Vielleicht führt Ihr Gymnastiklehrer oder Ihr Arzt diese Art Messungen an Hautfalten durch und kennt sich besser damit aus. Unsere Erfahrungen mit Kalibertests weisen Abweichungen von bis zu zehn Prozent auf – beängstigend.

Für Befürworterinnen der anthropometrischen Methode gibt es einen kostenlosen (englischsprachigen) Service im Internet, der Ihr Körperfett entsprechend Ihren mit dem Meterband genommenen Werten berechnet, nämlich www.biofitness.com/abodyfat.html. Übrigens können Sie auch selbst regelmäßig Bauch-, Hüft- und Wadenumfang messen und vergleichen; dabei ergeben sich zwar keine Prozentpunkte, aber Sie bekommen einen guten Anhaltspunkt, ob sich Ihr Umfang vergrößert oder verkleinert.

Weitere deutschsprachige Internet-Informationen zum Körperfett erhalten Sie unter http://www.quarks.de/fett/k03.htm. Links zum Deutschen Ernährungs-Forum, dem Deutschen Institut für Ernährungsforschung, der Deutschen Gesellschaft für Ernährung und anderen finden Sie unter http://sportika.ch/links.htm.

3. Sie essen fett

Und wie! Fett ist fast überall drin, in Oliven, in Straußensteaks, sogar in Haferflocken (in winzigen Mengen). Dies zu wissen ist wegen einer ganz einfachen mathematischen Überlegung wichtig. Fett in Nahrungsmitteln hat neun Kalorien pro Gramm, während Kohlehydrate und Eiweiß etwa 4,5 Kalorien pro Gramm haben. Dazu kommt, daß Fett kaum Platz braucht. Ein Eßlöffel Speiseöl hat 128 Kalorien. Zwölf Tassen Endiviensalat haben 120 Kalorien. 225 g Kabeljau hat 160 Kalorien. Das heißt, man bekommt mengenmäßig mehr Kohlehydrate und Eiweiß für sein Geld als Fett.

Darüber hinaus kann der Körper Fett so leicht verbrennen, daß nur sechs Prozent der Kalorien für die Verdauung bleiben, während zwölf Tassen Endiviensalat 15 Prozent der Kalorien zum Verbrennen benötigen, und Kabeljau sogar 25 Prozent. Demnach errechnen sich für diese drei Nahrungsmittel bis nach der Verdauung folgende Werte:

1 Eßlöffel Speiseöl (128 minus 6 Prozent)
= 120,32 Kalorien
1 Tasse Endiviensalat (120 minus 15 Prozent)
= 102 Kalorien
225 g Kabeljau (160 minus 25 Prozent)
= 120 Kalorien

Im wesentlichen schließen wir daraus, daß Fett fetter macht als andere Nahrungsmittel. Eine großartige Erkenntnis, denn wenn Sie Ihren Fettkonsum einschränken, werden Sie automatisch auch weniger Kalorien aufnehmen, ohne sich beim Essen unbedingt groß einzuschränken. Ob Sie zum Frühstück ein Bialy, ein polnisch-jüdisches, semmelähnliches Gebäck, oder ein Blaubeer-Muffin essen, macht keinen großen Unterschied. Weil der Bialy ohne Fett ist, ein Muffin aber 26 g beinhaltet (Sara Lee, große Mais-Muffin), ergibt sich ein erstaunlicher Unterschied: 300 Kalorien beim Bialy gegenüber 490 beim Muffin.

Eine gewisse Menge Fett sollen Sie essen, um wenigstens Ihre Fortpflanzungsfähigkeit, Ihre Gehirnfunktionen und Ihre Körpertemperatur von knapp 37 Grad zu gewährleisten. Wenn Sie Fleisch oder Eier essen, nehmen Sie etwas Fett zu sich; ersaunlicherweise enthalten Avocados, Lachs und Kekse eine Menge Fett. Persönlich raten wir Ihnen, wenn möglich fettfreie Lebensmittel zu wählen, wenn sie den fetten in nichts nachstehen – Joghurt, Milch, Müsli und Cracker zum Beispiel. Ebenso sollten Sie mageres Fleisch wie Hühnchen einem Filet Mignon aus fettem Fleisch vorziehen. Außerdem ist Fisch im Vergleich zu Fleisch fast immer weniger fetthaltig.

Jetzt kommen Sie bloß nicht und erzählen so ärgerliches Zeug über Leute in Burgund in Frankreich, die sich von Foie gras und Mandeln ernähren und trotzdem klapperdürr sind. Wenn Sie unsere Meinung dazu hören wollen: schön für sie, aber wir glauben es einfach nicht. Sie wollen ihr Fett nur einfach nicht wahrhaben.

4. Sie sind fettfrei

Nun mal schön langsam. Fettarme oder fettlose Schlankheitskuren sind nicht kalorienlos. Die Kalorien sind nur so weit herabgesetzt, daß es nicht so weh tut (ist es nicht einfacher, auf die Butter als auf das Brot zu verzichten?). Das Problem liegt darin, daß Sie trotzdem fett werden, auch wenn Sie riesige Mengen fettfreier Nahrungsmittel essen! Noch einmal: weil Sie zu viele Kalorien essen! Der Beweis dafür ist, daß die Amerikaner zwar immer weniger Fett essen, aber trotzdem fetter sind denn je. Ein Widerspruch, aber leicht aufzulösen – das wird jeder verstehen, der je in einem Meeting eine Packung Knabbergebäck auf einen Schlag verputzt hat. Fettfrei zu leben ist nicht das eigentliche Ziel. Es gehört mit zur Strategie, mit weniger Kalorien abzunehmen.

Eine Zeitlang kam eine stark untersetzte Frau mit uns zum Joggen. Sie hat gejammert, daß sie jeden Tag acht Kilometer rennt und doch nicht abnimmt, obwohl sie nichts anderes als Bagels ißt. »Die sind ohne Fett!« erklärte sie und wippte in ihren Nike-Schuhen hin und her. »Ich verstehe das einfach nicht!« Wir schon. Ein Bagel ist fast ohne Fett, aber je nach Größe kann er bis zu 600 Kalorien haben. Joggen über acht Kilometer verbrennt nicht einmal die Kalorien von einem großen Bagel zu Energie. Verlieren Sie aber nicht den Mut, und machen Sie sich nichts vor. Ein halber Liter eisgekühlter Magerjoghurt ist besser als ein halber Liter extrem kalorienreiches Sahneeis, und es ist immerhin auch eine Nachspeise.

SIE WOLLEN SCHLANK WIRKEN

Gehen Sie mit Dicken aus.

WAS SIE TUN KÖNNEN, UM IN FÜNF MINUTEN FÜNF PFUND ABZUNEHMEN

Manchmal befindet man sich in einer Zwangslage – eine Hochzeit steht an, die Schulabschlußfeier, ein Vorstellungsgespräch, ein Termin beim Fotografen, eine wichtige Party, ein Rendezvous mit einem Unbekannten, ein Klassentreffen. Oder: Sie haben ein neues, teures, ein wenig zu enges Kleid gekauft und können es nicht mehr umtauschen. Oder: Nach langen Jahren kommt es zur Wiederbegegnung mit einem Jugendfreund. Oder: Sie haben eine Vorladung vor Gericht erhalten. Auf jeden Fall müssen Sie ganz, ganz schnell schlanker aussehen. In solchen Situationen ist »Mäßigung« ein unseliges Wort. Es bleibt Ihnen eigentlich keine Zeit, schon gar nicht für Gefühlsduselei. Wir können Sie für Ihren morgigen Auftritt in einer TV-Talkshow zwar nicht von Größe 54 plus auf 36 herunterfahren. Aber wenn Sie so schnell wie möglich so dünn wie möglich werden möchten, haben wir schon einige Tricks auf Lager.

Sie haben nur einen Tag Zeit

Sie haben sich das ganze Wochenende genüßlich vollgefressen und erinnern sich plötzlich daran, daß Sie am Dienstag ein Abendessen beim Bundeskanzler haben. Und das Kleid, das Sie anziehen wollen, schnürt Ihnen die Luft ab, wenn Sie bis dahin nicht abnehmen.

1. Rufen Sie – nur zur Sicherheit! – eine gute Näherin an.
2. Trinken Sie viel Wasser – nicht, daß Sie damit abnehmen, aber der Glaube daran wirkt Wunder.
3. Wir sind fürs Fasten. Und das, obwohl manche (na ja, Wissenschaftler) behaupten, es mache kaum einen Unterschied, ob man einen Tag lang nichts oder 800 Kalorien zu sich nehme. Da können Sie sich genausogut für die 800 Kalorien entscheiden.
4. Wenn schon 800 Kalorien, dann aber schlankes Eiweiß, keine Kohlehydrate und kein Fett. Dabei könnte es sich um 800 Kalorien Putenbrust, Thunfisch im eigenen Saft, Eiklar oder, wenn Sie unbedingt wollen, ein Puten/Thunfisch/Eiklar-Omelett handeln.
5. Trinken Sie weiter sehr viel Wasser und Tee. Sie werden sich bestimmt großartig vorkommen.
6. Nehmen Sie ja kein Ibuprofen. Warum? Bei einem Interview für *American Gladiators* vertraute uns Ice, eine jener zum Fürchten aussehenden Frauen, die aus lauter Muskeln bestehen und an deren stahlhartem Körper sich nirgendwo eine schlaffe Stelle befindet, an, sie nehme nie Ibuprofen vor einem Fototermin, weil sie dann aufgedunsen aussehe. Ganz gleich, ob Sie Ice kennen oder nicht und ob Sie sie für kompetent halten oder nicht – diesen Rat können Sie annehmen.

Sie haben eine Woche Zeit

1. Tun Sie alles, was wir soeben gesagt haben, *und noch mehr...*
2. Vielleicht können Sie bei der 800-Kalorien-Diät bleiben, aber Sie sollten eigentlich nicht. Statt dessen können Sie sich ein paar Kalorien mehr leisten. Hauptsache, Sie bleiben auf dem Eiweißpfad.
3. Unsere Freundin Gully Wells, Redakteurin bei Condé Nasts *Traveler*, rät für den Krisenfall zur Sashimi-Espresso-Nikotin-Diät. Eiweiß bekommen Sie mit Sashimi, die Nachtisch-Durchstart-Kombination mit Espresso, und zur Befriedigung Ihrer oralen Gelüste gibt's eine Marlboro Lights. Obwohl, die können Sie im Zweifelsfall auch weglassen.
4. Treiben Sie nicht wie wild Sport, davon bekommen Sie nur Hunger und werden selbstmitleidig. Aktiv sollten Sie aber schon sein. Suchen Sie sich eine Sportart aus, mit der Sie über eine Stunde beschäftigt sind. Auch wenn Sie nur spazierengehen – wichtig ist, daß Sie eine Stunde durchhalten. Noch besser ist es, wenn Sie das mehr als einmal pro Woche schaffen. Ihr Stoffwechsel wird in höchstem Maße belastet, wenn Sie länger als eine Stunde in Bewegung sind – ein Trick, den Marathonläufer anwenden, um möglichst viel eingelagertes Glycogen abzubauen, bevor sie sich vor dem Wettkampf mit Kohlehydraten aufladen. Deshalb: Bauen Sie Glycogen ab, lassen Sie die Kohlehydrate weg, und schon sind Sie schlanker.
5. Essen Sie viel Petersilie. Petersilie ist ein natürliches Mittel zum Entwässern. Darüber hinaus hat sie eine Menge

Vitamine, was sich günstig auswirkt, wenn Sie sonst wenig essen.

6. Verwenden Sie Essig. Wir wissen nicht, warum, aber bei unseren Mittagessen für Dünne haben einige Frauen geschworen, daß Essig Ihnen beim Abnehmen geholfen habe. Einige tranken Wasser mit einem Teelöffel Essig, andere haben ihren Petersiliesalat damit angerichtet, wieder andere einen Löffel voll in ihre Omeletts gegeben ... Manche schlucken den Essig auch direkt aus der Flasche (dreimal am Tag). Ob Essig wirklich ein Schlankmacher ist, können wir nicht sagen. Aber ausprobieren kann man es allemal.
7. Ziehen Sie Ihre schäbigsten Sachen an, in denen Sie aussehen wie ein verwahrloster Hungerleider. Wenn man sich im Spiegel anschaut und vollkommen abgemagert aussieht (soweit das eben geht, wenn man fett ist), gibt einem das enormen Auftrieb, bis zum Sieg durchzuhalten. Man sieht sich an und denkt: *Schau nur, wie zart und zerbrechlich ich bin. So jemand wie ich muß essen wie ein Vögelchen!* Gehören Sie aber zu den Frauen, die statt dessen denken: *Oh, mein Gott, ich seh' ja völlig verhungert aus, ich muß unbedingt was essen!,* dann schauen Sie in der fraglichen Woche lieber nicht in den Spiegel. Möglicherweise sollten Sie sich diesen Gedanken vor Augen halten, wenn Sie herauszukriegen versuchen, warum Sie so viel wiegen.
8. In dieser Woche zählt alles. Kostenlose Pröbchen, Sahne im Kaffee, Kaugummi – normalerweise brauchen Sie auf diese Kleinigkeiten nicht aufzupassen, aber jetzt haben Sie ein Ziel und müssen hart sein. Bleiben Sie bei der Stange.

SPORT

Da haben wir es, das Kapitel, das Sie in Büchern über das Fasten immer überschlagen. Wer kann's Ihnen verübeln? Mittlerweile weiß jede Frau (und hat deswegen ein schlechtes Gewissen), daß wir 1. Bewegung brauchen und 2. nicht genügend Bewegung haben. Erinnern Sie sich noch, was wir Ihnen über Bewegung gesagt haben?

Okay, wiederholen wir: Bewegung ist wichtig. Bei den Mittagessen für Dünne bekannten sich manche dazu, überhaupt keinen Sport zu treiben. Wahrscheinlich sind das Zauberwesen, die sich von Luft ernähren und in einem Regenschauer auflösen. Wir glauben ihnen einfach nicht. Vielleicht machen sie nicht gerade regelmäßig Gymnastik, aber wahrscheinlich gehen und zappeln sie mehr herum, als ihnen bewußt ist. Oder, noch wahrscheinlicher, sie lügen, um den Eindruck von mühelos erworbener Eleganz und Schlankheit nicht zu zerstören – dabei joggen sie täglich mindestens zwölf Kilometer. Da wir und die meisten unserer Bekannten weder so viele Kalorien zu verbrennen imstande sind noch geschickt lügen können, müssen wir realistisch sein. Aus diesem Grund haben wir uns den Sport auf die Fahnen geschrieben.

Unsere Vorstellung von Sport hat wenig mit Olympiade oder Bodybuilding zu tun. Wir sehen darin eher eine gewisse regelmäßige Aktivität, mit der Sie Ihr Gewicht herunterschrauben und nicht gleich wieder zunehmen. Übrigens bleiben Sie mit regelmäßigem Sport auch gesünder, aber dafür sind wir nicht zuständig. Wir sehen Sport nur als eine Methode, Gewicht zu verlieren. (Einzelheiten über Herzkrankheiten, Antioxydationsmittel oder VOmax2-Werte finden Sie in unserem nächsten Buch, *Die Schwabbeligen.*)

Einige Gründe, warum man Sport machen sollte, wenn man schlank werden will

1. Sport verbrennt Kalorien.
2. Sport verbrennt Kalorien.
3. Sport verbrennt Kalorien.
4. Nur extrem geschickte Menschen können essen, während sie Sport treiben. Ein besonderer Vorteil jeder sportlichen Betätigung besteht also darin, daß Sie um so weniger Zeit zum Essen finden, je länger Sie in Bewegung sind. Auch finden es manche unangenehm, vor dem Sport zu essen. Am besten arbeiten Sie einen richtigen Nicht-Speise-Plan für den ganzen Tag aus, dann können Sie der Anzahl der Stunden, in denen Sie nichts essen, die Stunde vor dem Sport hinzurechnen. Dazu kommt, daß Sie, wenn Sie hungrig und sportlich aktiv sind, vergessen, daß Sie hungrig sind. Zumindest wird sich das Essen entsprechend verzögern. Und wenn Sie endlich mit dem Sport aufhören, steht zunächst im Vordergrund, daß Sie müde sind, verschwitzt, daß es Ihnen

da und dort weh tut, und darüber vergessen Sie auch wieder, daß Sie gleich verhungern.

5. In Sportkleidung fett auszusehen ist niederschmetternd und deprimierend und verstärkt die Motivation zum Schlankwerden ungeheuer.
6. Wenn jemand behauptet, er bekomme vom Sport Hunger, liegt er schief. Wissenschaftlich gesehen vermehrt lang andauernde Aktivität auf natürliche Weise den Ausstoß von Noradrenalin, einem appetitzügelnden Hormon. Extreme sportliche Betätigung kann den Noradrenalin-Spiegel auf das Fünffache des Normalwertes erhöhen, die appetitzügelnde Wirkung bis zu sechs oder acht Stunden anhalten. Wenn Sie nach dem Sport einen Bärenhunger verspüren, liegt das nur an Ihrem Verstand. Verschlingen Sie jetzt ein Dutzend Bagels, dann ist das Ihre freie Entscheidung (eine schlechte Entscheidung), aber keine Notwendigkeit.
7. Wenn Sie fasten und keinen Sport treiben, können Sie abnehmen. Sie verlieren beim reinen Fasten Wasser, Fett und bis zu 50 Prozent Muskelmasse. Wenn Sie fasten und zusätzlich Sport treiben, verlieren Sie Wasser und nur wenig Muskelmasse, dafür mehr Fett. Es ist besser, Fett statt Muskeln zu verlieren. Ein Pfund Muskelmasse verbrennt auf Dauer mehr Kalorien als ein Pfund Fett, allein zur Aufrechterhaltung der Körperfunktionen. Wenn nun Ihr Körper mehr Muskeln als Fett hat, werden Sie auf Dauer mehr Kalorien verbrennen, ob Sie Sport treiben oder nicht. Muskeln sind gut. Für den Metabolismus müssen sie weder stark noch gut ausgebildet sein (denken Sie an eine Ballerina – Muskel pur! und ach so dünn). Im

Idealfall hat man einen Körper, der in Größe und Gestalt den eigenen Vorstellungen entspricht und mehr aus Muskeln denn aus Fett besteht, weil das den Stoffwechsel stärkt und weil man dann weniger leicht zunimmt. Eine schlanke, geschmeidige, muskulöse Person mit Konfektionsgröße 38 verbraucht, verglichen mit einer schwammigen Person gleicher Konfektionsmaße, bis zu 800 Kalorien am Tag mehr, bloß weil sie auf der Welt ist.

8. Sport hat einen kleinen Vorteil, der oft unterschätzt wird: Er macht hochmütig. Es gibt doch nichts Schöneres, als mit den Roller Blades an jemandem vorbeizuflitzen, der gemütlich auf einer Parkbank sitzt und einen Schokoriegel verputzt. Ist das nicht allein schon ein guter Grund dafür, das nächste Mal lieber zu den Roller Blades als zu einem Schokoriegel zu greifen? Wenn Sie Gewicht verlieren wollen, ist es nicht ungünstig, die faschistoide »Übermensch«-Haltung (mein Körper ist eine heilige und bestens ausgerüstete, allen überlegene Maschine, vielleicht sollte ich lieber doch die Mayonnaise weglassen, blablabla) von Athleten anzunehmen.
9. Sport fällt leichter, wenn man leicht ist. Das heißt, je mehr Sie abnehmen, desto leichter fällt Ihnen der Sport, desto mehr nehmen Sie ab. Und so weiter ...
10. Wenn Sie glauben, daß Ihr Körper von Natur aus zu einem bestimmten Gewicht tendiert, dann spitzen Sie jetzt die Lauscher. Wissenschaftler behaupten, daß dieser Punkt auf Dauer durch Sport – und nur durch Sport – verändert werden könne. Sport verändert das Verhältnis von Muskeln und Fett und damit die Anzahl der Kalorien, die Sie täglich zum Überleben brauchen.

Welcher Sport macht schlank?

Nur der Sport macht Sie wirklich schlank, den Sie ernsthaft und mit Ausdauer betreiben. Behaupten Sie nicht, Sie würden für den Marathonlauf trainieren, wenn Sie insgeheim überhaupt nicht gerne laufen, und lassen Sie sich den Tennisplatz nicht reservieren, wenn Sie keinen Partner haben. Entscheiden Sie sich für eine Sportart, die Ihnen Spaß macht (wenigstens ein bißchen, wenn Sie jede Art von Bewegung hassen), für die Sie Zeit erübrigen und die Sie leicht bewerkstelligen können. Wenn Sie lieber mehrere Sportarten statt einer einzigen ausüben möchten, dann teilen Sie es sich gut ein. Wenn Sie zum Beispiel an zwei Tagen in der Woche Radfahren und an drei Tagen schwimmen wollen, dann legen Sie die Tage vorab fest, und erstellen Sie einen Zeitplan. Studien haben gezeigt, daß man mit einem solchen Plan viel länger dabeibleibt als ohne.

Zunächst sollten Sie sich überlegen, wieviel Zeit Ihnen für das Training zur Verfügung steht. Als Vergleichsbasis nennen wir Ihnen nachstehend die Kalorienzahl, die man in einer halben Stunde bei verschiedenen Sportarten verbrennt:

Bewegungslos herumliegen	45
Spazierengehen	100
Schwimmen	300
Heimtrainer	150
Fahrradfahren	175
Joggen, 9-Minuten-Takt	360
Rudern	175
Eislaufen	225

Rollerskaten	225
Tanzen	250
Seilspringen	400
Langlauf	275
Squash, Badminton	450
Tennis	150

Die meisten Menschen mit Beruf, Freunden, Besorgungen, Familie und so weiter haben nicht unbegrenzt Zeit für Sport. Darum kann das Training eine sehr unterschiedliche Wirkung auf ihre Figur haben. Gesetzt den Fall, Sie bewegen sich über eineinhalb Stunden zu Fuß fort – egal, ob Sie nun spazierengehen, hüpfen oder den Weg im Marathon-Tempo zurücklegen –, so verbrennen Sie zirka 100 Kalorien. Ein Spaziergang von etwa eineinhalb Kilometern dauert 20 Minuten; wenn sie die Strecke mit durchschnittlicher Geschwindigkeit laufen, schaffen Sie es in etwa zehn Minuten. Haben Sie für Sport 40 Minuten vorgesehen, dann können Sie entweder

- drei Kilometer spazierengehen und 200 Kalorien verbrennen,
- sechs Kilometer laufen und 400 Kalorien verbrennen,
- oder richtig schnell laufen, dabei fast zehn Kilometer zurücklegen und 600 Kalorien verbrennen.

Sie können natürlich auch zehn Kilometer spazierengehen und dabei ebenso 600 Kalorien verbrennen. Das kostet Sie jedoch ungefähr zwei Stunden. Spazierengehen zum Abnehmen eignet sich nur für Leute mit viel Freizeit oder solche, die täglich zu Fuß zur Arbeit gehen können. Wenn Sie zum Beispiel drei Kilometer von Ihrem Arbeitsplatz entfernt wohnen und täglich hin und zurück zu Fuß gehen, können Sie Ihr tägliches Pensum ohne weiteres als erfüllt betrachten. Noch einmal: Das Ganze ist eine Frage der Zeit. Schön für Sie, wenn Sie täglich stundenlang Tennis spielen können; bei einem gewöhnlichen Sterblichen stehen nur 40 bis 50 Minuten für Sport auf dem Tagesplan, und die nützen Sie wesentlich gewinnbringender mit Squash oder Badminton, um Kalorien zu verbrennen und abzunehmen.

Manche Sportarten sind sehr intensiv, aber schwer durchzuhalten. Seilspringen zum Beispiel verbrennt Kalorien wie wahnsinnig, aber es ist ganz schön anstrengend, so lange zu hüpfen, bis ein Stück Kuchen mit Schokoladenraspeln verbrannt ist. Wenn Sie aber die Energie und Ausdauer aufbringen, zehn Minuten oder länger seilzuhüpfen, werden Sie damit belohnt, daß Sie so viele Kalorien verbrennen wie bei einem ganz schön schnellen Sieben-Minuten-Lauf über eineinhalb Kilometer. Sollten Sie so gut sein und es schaffen, 40 Minuten lang seilzuspringen, ist Ihnen unsere grenzenlose Bewunderung sicher – aber wahrscheinlich mogeln Sie. Wenn nicht, verbrauchen Sie in diesen 40 Minuten 600 Kalorien, und das ist absolute Spitze.

Je härter uns ein Sport ankommt, um so mehr Kalorien verbrennt er vermutlich. Wenn wir das Gefühl haben, er ist nicht schwer, dann ist er es wahrscheinlich auch nicht. Sie können eine leichte Sportart wählen, und wenn Sie dafür länger durchhalten, verbrennen Sie auch eine Menge Kalorien. Damit das Ganze wirklich einen Sinn hat, sollte man in einem Sport so gut sein, daß man ihn intensiv betreibt, so ausdauernd, daß man eine Weile durchhält, und so viel Spaß daran haben, daß man ihn mehrmals pro Woche ausübt.

Wie oft in der Woche?

Besser wenig als gar nicht: Dreimal pro Woche ist gut; fünfmal ist sehr, sehr gut. Sie werden es nicht glauben, aber es ist leicht, mindestens dreimal die Woche zu trainieren, weil man sich daran gewöhnt und sich dann nicht jedesmal wie vor einem Strafgericht fühlt. Eine Verrückte aus unserem Kreis (mit einem fabelhaften Körper) joggt täglich, weil sie es satt hat, sich jeden Tag neu zu entscheiden, ob ihr nun zum Laufen zumute ist oder nicht. Sie läuft einfach und entgeht somit der Versuchung, ihr Training auf den nächsten Tag zu verschieben. Dies ist keine Empfehlung, sondern nur eine Beobachtung. Für gemäßigtere Frauen wäre ein Lauf jeden zweiten Tag eine gute Lösung. Oder vielleicht an jedem Werktag. Vor allem ist die Erkenntnis wichtig, daß Sie nur dann Erfolg haben werden, wenn Sie mindestens dreimal pro Woche trainieren. Weniger oft ist zwar auch nicht umsonst, aber Sie werden sich dann nicht so toll vorkommen.

Wie lange muß ich mich selbst bestrafen?

Das ideale Training dauert 40 Minuten, denn das ist der Moment, in dem Ihr Körper beginnt, statt Kohlehydrate Fett zu verbrennen; und es ist gut, Fett zu verbrauchen. Andererseits nützt auch ein klein wenig Sport. Wir haben verschiedene neuere Untersuchungen gelesen, in denen die Theorien bezüglich der Verbrennung von Kohle gegenüber der Verbrennung von Fett meistens als Mythen abgetan werden. Kalorien verbrennen bedeutet Kalorien verbrennen, egal, woher sie kommen. Eine kürzlich veröffentlichte Studie behauptet, daß zehnminütiges Training mehrmals am Tag so gut sei wie einmal ausgiebig. Es ist aber lästig, viermal am Tag in die Dusche zu steigen.

Wenn Sie sich dahinschwinden sehen und in ein hinreißendes und anmutiges Wesen verwandeln wollen, sollten Sie vier Stunden Sport in der Woche treiben, wobei die Zeiteinteilung völlig Ihnen überlassen bleibt. Doch beachten Sie zwei Dinge: Wenn Sie nur für eine kurze Zeit trainieren, tun Sie es intensiv. Schließlich ist es viel schlauer, 15 Minuten zu laufen, als 15 Minuten spazierenzugehen, weil Sie das ungleich mehr Kalorien kostet. Und wenn Sie einmal in der Woche lange trainieren können – eine Stunde ist ideal –, verbrennen Sie zur Belohnung eine Extramenge Kalorien (irgendwie arbeitet Ihr Körper übertourig, wenn Sie ihn einmal die Woche über längere Zeit fordern).

Gut, ich will drei- oder viermal pro Woche etwa 40 Minuten trainieren. Zu welchen Sportarten raten Sie mir?

Hier unsere persönlichen Empfehlungen:

LAUFEN. Wenn Sie das Aufprallen und Rempeln vertragen, ist Laufen immer noch der beste Weg zum Abnehmen. Es verbrennt tonnenweise und schnell Kalorien, bildet keine massigen, überdimensionalen Muskeln und ist nicht schwer, wenn man ein wenig Übung hat. Laufen ist so gut wie nicht ortsgebunden. Sollten Sie viel auf Reisen sein, haben Sie keine Transportprobleme. Es ist billig. Man kann es mit anderen oder allein tun. Es läßt sich jeder Situation anpassen, das heißt, wenn Sie nur 20 Minuten Zeit haben, können

Sie kräftig lossprinten, damit es sich lohnt; haben Sie jedoch eine Stunde zur Verfügung, können Sie sich gemütlich Zeit lassen, und es lohnt sich immer noch.

Nachteile: Laufen beansprucht Ihren Körper sehr, und es wird nicht ausbleiben, daß Sie sich ab und zu verletzen. Außerdem sind Schreckensmeldungen im Umlauf, die besagen, daß (wahrscheinlich durch die Erschütterung beim Aufsetzen) das Kollagen im Gesicht einbricht und das Profil schlaff wird. Natürlich laufen wir weiter, solange das nicht wissenschaftlich bewiesen ist – und passiert denn beim Lifting etwas anderes? Versuchen Sie es mit dem Laufband, wenn Sie sich Sorgen machen; oder sehen Sie sich nach einer Alternative um, falls Sie finden, es ist zu kalt/heiß/feucht/windig/regnerisch, um hinauszugehen. Manchmal ist es langweilig, allein oder ohne Musik zu laufen. Die Füße werden durch das Laufen unansehnlich und knotig, außerdem wird man schnell faul und läuft zu langsam oder nicht lange genug, damit es sich lohnt.

So joggen Sie sich schlank: Bevor Sie überhaupt anfangen, sollten Sie in ein Sportgeschäft (vorzugsweise in eines, das sich auf den Laufsport spezialisiert hat) gehen und sich gute Joggingschuhe besorgen. Sie werden sich wundern, um wieviel angenehmer es sich in gut sitzenden Schuhen läuft. Das ist tatsächlich ausschlaggebend. Weiter macht es einen großen Unterschied, ob Sie mit einem Partner oder in der Gruppe laufen. Motivationspsychologen, die sich damit auskennen, behaupten, daß Leute, die in Gemeinschaft laufen, länger und mit mehr Enthusiasmus dabeibleiben als Sololäufer. Sollten Sie niemanden finden, der mit Ihnen läuft, und sich auch keinen Trainer leisten können, dann laufen Sie auf einer belebten Strecke, und versuchen Sie, sich an jemanden anzuhängen, der ungefähr Ihr Tempo läuft – auch dieser Trick hilft, ausdauernd zu bleiben. Wenn Sie nur einmal die Woche mit anderen laufen – Sie werden sich wundern, wie motivierend die Gruppe sein kann.

Kaufen Sie sich einen Walk- oder einen Discman. Ein Läufer mit Kopfhörer sieht zwar dämlich aus, leistet aber bis zu 20 Prozent mehr als einer, der keine Musik hört (was übrigens wissenschaftlich bewiesen ist). Anscheinend wird die Motivation auch durch tägliche Buchführung gestärkt. (Was hat es nur mit der Buchführung auf sich? Genaue Eintragungen über Essensmengen sind nämlich ebenfalls motivierend!) Zur Zeit finden überall Volksläufe statt. Selbst wenn Sie sich nicht als Läuferin sehen, suchen Sie sich einen als Herausforderung aus, auch wenn Sie zunächst nur vorhaben, die Strecke abzugehen. Dann klappt es – weil Sie ein Ziel haben, werden Sie durchhalten.

Wenn Sie bisher nicht gelaufen sind oder in hoffnungslos schlechter Form daherkeuchen, fangen Sie langsam an. Eine gute Methode ist, eine Minute zu joggen, dann eine Minute zu gehen, und das 20 Minuten lang im Wechsel zu wiederholen. Während der nächsten paar Tage/Wochen versuchen Sie, das Laufpensum zu erhöhen und weniger zu gehen. Am Anfang ist es besser, sich über die Dauer Rechenschaft abzulegen, und nicht über die zurückgelegte Strecke. Schaffen Sie erst einmal 40 Minuten (auch wenn Sie ganz langsam sind), dann können Sie anfangen, sich über Kilometer Gedanken zu machen.

Wenn Sie dreimal pro Woche 40 Minuten laufen, werden Sie garantiert abnehmen – es sei denn, Sie schauen auf dem Rückweg bei einer Bäckerei rein. Sobald Sie 40 Minuten langsam laufen können, versuchen Sie es mit einem schnelleren Tempo, und Sie werden mehr abnehmen.

SQUASH ODER BADMINTON. Beide Sportarten sind großartig für alle Schlankheitskandidaten, weil sie so viele Kalorien verbrennen. Sie sind leicht zu erlernen, und man gibt nicht so schnell auf, weil Spiele, die Geschicklichkeit erfordern, bei denen Punkte gezählt werden und die das Konkurrenzdenken fördern, das Leben erst richtig interessant machen. Dazu kommt, daß Sie, wenn Sie auch nur einen Funken Anstand im Leib haben, ein schlechtes Gewissen bekommen, wenn Sie Ihrem Partner eine Absage erteilen, bloß weil Sie zu faul sind. Auf diese Weise bleiben Sie, ohne es zu merken, am Ball.

Nachteile: Sie brauchen einen/mehrere Partner und einen Platz. Auf Reisen oder bei unregelmäßiger Arbeitszeit ist es schwer, einen Zeitplan einzuhalten. Klingt nach Improvisation. (Sie können dies eher als Vorteil denn als Nachteil ansehen.)

So schlagen Sie sich schlank: Gehen Sie in einen Club, leisten Sie sich ein paar Trainerstunden, und versuchen Sie dann, über Ihren Trainer geeignete Partner zu finden. Oder werden Sie Mitglied in einem Verein, dann können Sie regelmäßig spielen. Vier oder fünf Spiele pro Woche lassen sich für die meisten kaum organisieren. Deswegen schlagen wir vor, Sie betrachten Squash als Zweitsport und lassen dafür an einem oder zwei Tagen das Lauftraining sein.

INLINE-SKATING. Mit Roller Blades verbrennen Sie Kalorien und tun etwas für Ihre Muskeln – natürlich nur, wenn Sie die

Lernphase überleben. Die ideale Lösung wäre, das Roller-Skaten zur Fortbewegung zu nützen. Damit haben Sie das Zeitproblem (sprich das »Ich möchte für Sport keine Zeit verschwenden«-Problem) gelöst und verbrennen gleichzeitig Kalorien. Zudem belastet es Knie und Fußgelenke weniger als Joggen und verbrennt mehr Kalorien als Radfahren.

Nachteile: Nicht von ungefähr sagen die Notärzte bei uns »Roller Blade – Erbenfreud«. Inline-Skating ist in der Tat gefährlich; Sie können nicht nur Meniskusverletzungen oder Muskelzerrungen davontragen, sondern dabei auch Ihr Leben lassen, weil Sie auf den Kopf fallen, gegen einen unbeweglichen Gegenstand rasen oder von einem beweglichen Gegenstand, zum Beispiel einem Auto, einem Fahrrad oder einem anderen Inline-Skater, erfaßt werden. Außerdem kann man leicht mogeln – gleiten, bergab fahren, es einfach laufen lassen – und verbrennt dann effektiv nur eine Handvoll Kalorien, obwohl man eine Stunde unterwegs war. Und dann ist Roller-Skaten nachts und bei Regen mühsam.

So skaten Sie sich schlank: Finden Sie heraus, wo Sie während einer festgesetzten Zeit am besten und richtig mit Power skaten können, oder suchen Sie sich irgendeine Strecke, die Sie regelmäßig hin und zurück skaten (zum Beispiel zum Treffen Ihres Schlankheits-Clubs). Wenn Sie nach einer Stunde noch nicht müde sind, haben Sie etwas falsch gemacht. Sie müssen entweder schneller laufen oder sich eine anstrengendere Strecke suchen. Hügel sind gut, bergaufwärts ist ideal.

FITNESSCENTER. Nach wie vor ist Körpertraining ein zuverlässiges Mittel, um Energie zu verbrennen und zu der erträumten Schlankheit zu kommen. Jeder Dummkopf ist dafür ausgerüstet, und wenn Sie nicht herumflirten, können Sie in einem bestimmten Zeitraum einiges leisten. Äußere Hindernisse wie Regen, Hitze, Licht bestehen nicht, und außerdem machen Fernseher, Videos, neue Sportgeräte und die Boulevardblätter, die man lesen kann, während man sich abstrampelt, den Gang ins Fitneßcenter fast erträglich.

Nachteile: Wir sagten »fast erträglich«! Gibt es etwas Schrecklicheres, als 40 Minuten lang nirgendwohin zu radeln oder ziellos zu rudern? Und was könnte übler riechen als ein Fitneßcenter an einem heißen Tag? Gibt es ein ohrenbetäubenderes Geräusch als das Kreischen einer schlecht geölten Multifunktionsanlage über dem Gegröle eines Fernsehspots?

So trainieren Sie sich schlank: Haben Sie 40 Minuten zur Verfügung, dann konzentrieren Sie sich auf das Laufband, den Langlaufsimulator, das Klettergerüst, das Rudergerät oder den Fahrradtrainer. Multistepper gehen auch, aber wenn Sie sich in die Armstützen lehnen, lohnt sich die Mühe fast überhaupt nicht – deshalb bleiben manche stundenlang ohne Unterbrechung bei diesem Gerät, weil es nicht so anstrengend ist, wenn man seine Arme aufstützt. (Gerüchten zufolge soll man vom Multistepper einen dicken Po bekommen.) Für manche ist es am einfachsten, 40 Minuten lang bei einem Gerät zu bleiben. Wenn Ihnen das zu anstrengend ist, oder wenn das Fitneßcenter voll und die Benutzungsdauer eingeschränkt ist, empfehlen wir, jeweils zehn Minuten an vier verschiedenen Geräten zu bleiben. Auf diese Weise vergeht die Zeit auch schneller. Wenn Sie mit einer Freundin ins Fitneßstudio gehen, müssen Sie die Zeit berücksichtigen, die Sie verplaudern. Sollten Sie nach einer Stunde im Fitneßstudio immer noch nicht das dringende Bedürfnis nach einer Dusche verspüren, dann war Ihr Training vermutlich nicht intensiv genug. Wir persönlich hassen Fitneßstudios, suchen sie aber im Bedarfsfall auf. Aber selbst wenn wir eifersüchtig zuschauen, wie zufrieden zwei plappernde Freundinnen auf dem Tandem-Rudergerät ausholen, üben wir lieber allein, lassen uns durch die Gerätemühle drehen und holen das Maximum heraus.

Ein anderes Kapitel sind die Geräte zum Gewichtheben. In einer Stunde Gewichtheben (oder an den Multifunktionsgeräten) verbrennen Sie nur ungefähr 300 Kalorien; hier werden also gar nicht so viele Kalorien verbraucht. Tatsächlich würden Sie mehr Kalorien verbrennen, wenn Sie eine Stunde spazierengehen. Aber für viele ist die damit verbundene Muskelbildung wichtig. Der Körper baut dabei mehr dünne Muskelmasse auf, die notwendig ist, um den Stoffwechsel anzuregen. Wenn wir uns zwischen Aerobic und Gewichtheben entscheiden müssen, gehen wir allerdings lieber in den Aerobicraum, weil wir dabei zufriedener sind und uns dünner vorkommen. Außerdem haben wir die (überflüssige) Angst, riesige Muskelstränge zu entwickeln. (Überflüssig, weil man keine riesigen Muskelstränge bekommt, es sei denn, man nimmt Steroide – und wer uns je mit Gewichten beobachtet hat, der weiß, daß wir es nie zu riesigen Muskelsträngen bringen werden.) Wenn Sie in Ihrem Bizeps jemals eine kleine Wölbung bemerkt haben, weil der Muskel größer und das Fett weniger wird, dann wissen Sie, welche Freude ein paar ausgewählte Muskeln bereiten können. Wenn Sie Zeit haben, dann tun Sie etwas, wobei

Sie ins Schwitzen kommen, und probieren Sie es zweimal pro Woche mit der Hantel.

SCHWIMMEN. Es gibt Leute, die behaupten, daß man vom Schwimmen schlank wird. Und es hat den Vorteil, daß man beim Training keine Schmerzen spürt. Verletzungen sind fast ausgeschlossen, es sei denn, Sie machen einen Kopfsprung ins seichte Becken. Man schwitzt nicht, und außerdem ruiniert man sich weder Knie noch Sprunggelenke. Außerdem heißt es, daß man beim Schwimmen zusätzlich Kalorien verbrennt, weil der Körper abkühlt und sich anstrengen muß, seine Temperatur von knapp 37 Grad zu halten (mag ja sein, aber unsere Quellen meinen, daß diese Extrakalorien nicht der Rede wert sind).

Nachteile: Sagen Sie ehrlich, sind die Frauen, deren Figur Sie am Strand so bewundern, je im Wasser? Nein, jede Wette. Diese Körper räkeln sich bäuchlings auf dem Liegestuhl und schlürfen Cola light. Beim Schwimmen liegt das Problem darin, daß man selten lang und kräftig genug trainiert, um überhaupt Kalorien zu verbrennen. Sie brauchen nicht zu glauben, daß Sie schon dünner geworden sind, wenn Sie wie ein Hund 20 Minuten lang im Wasser herumtappen. Sie müssen schon über eine lange Strecke kräftig schwimmen, und da das Zeit kostet, lassen die meisten die Finger davon. Halten Sie uns jetzt bitte nicht für verrückt, aber haben Sie nicht auch immer einen unbändigen, wahnsinnigen Hunger, wenn Sie aus dem Wasser kommen?

So schwimmen Sie sich schlank: Die einzige Möglichkeit, im Schwimmbecken wirklich zu arbeiten und Kalorien zu verlieren, ist ein Trainer oder eine Mannschaft. Oder Sie schwimmen gemeinsam mit einem guten Freund. Das muß aber ein besonders guter Freund sein: unnachgiebig, strafend, kritisch, ein Sklaventreiber. Denn sonst, meine Lieben, verschwenden Sie Ihre Zeit. Ein Körper, der nicht gezwungen wird, Sport zu treiben, wird nach ein paar Kugeln Eis verlangen. Nur wenn Sie sich zum Sport anhalten, werden Sie ihn auch ausüben. Es ist einfach zu schön, sich im Wasser treiben zu lassen, statt kräftig zu schwimmen, deshalb sind wir mißtrauisch. Wenn Sie gern im Wasser sind, dann schwimmen Sie. Wenn Sie nach einer Runde nicht kaputt sind, sind Sie nicht kräftig genug geschwommen, damit sich der Zeitaufwand auch gelohnt hätte. In diesem Fall ziehen Sie besser Ihre Turnschuhe an und steigen in einem 20stöckigen Hochhaus die Treppe hinauf.

RADFAHREN. Alles, was wir über Roller-Blading gesagt haben, gilt auch für das Radfahren. Es ist ein großartiges Training, aber nur, wenn Sie lange Strecken fahren und die Zeit einkalkulieren, in der Sie dahinsausen, ohne zu treten.

Nachteile: eigentlich keine, bis auf die dämlichen Anzüge, die Radfahrer anscheinend unbedingt anhaben müssen. Darüber hinaus kräftigt Radfahren die Oberschenkel, und das ist wohl der Körperteil, den wir keinesfalls vergrößern wollen.

So radeln Sie sich schlank: Wenn wir radfahren, achten wir auf die Zeit, die wir unterwegs sind, und nicht auf die Kilometer. Anders ausgedrückt: Wenn wir acht Kilometer radfahren, brauchen wir dazu 20 Minuten. Das ist was anderes, als acht Kilometer gehen oder joggen. Wir denken an die 20 Minuten Training, die sich nur auf etwa drei Kilometer joggen umrechnen lassen. So bleiben Sie ehrlich. Wir schlagen auch vor, daß Sie ein einfaches, altes Fahrrad benutzen, nicht eines mit tausend Gängen und Plutoniumrahmen – je schwerer das Fahrrad, desto mühsamer müssen Sie treten und desto mehr Kalorien verbrennen Sie. Auch hier gilt: Sie müssen sehr, sehr lange radfahren, um schlank zu werden. Zehn Minuten im flachen Gelände und ohne zu schwitzen, das ist nicht der Weg zur guten Figur. Ein gutes Programm dagegen ist, unter der Woche zu joggen oder ins Fitneßstudio zu gehen und am Wochenende eine wirklich lange Radtour zu machen.

Natürlich gibt es noch Dutzende anderer Möglichkeiten, sich zu bewegen. Wichtig ist immer, daß Sie 1) überhaupt etwas tun und daß Sie 2) nicht mogeln. Wenn Sie nur Ihre Zeit verschwenden, brauchen Sie gar nicht erst ans Training zu denken, sondern können statt dessen gleich etwas Vernünftiges tun, zum Beispiel Ihre Kleiderschränke ausputzen. Und noch etwas: Das Schlimmste am Schummeln ist, daß man sich nach einem Gelegenheitstraining so hervorragend und gestärkt und so befreit von Kalorien fühlt, daß man das feiert und viel ißt. Haben Sie wirklich einige Pfunde abgetragen, dann ist es nicht so schlimm, wenn Sie sich ein wenig verwöhnen. Wenn Sie sich aber gleich eine ganze Packung Kekse reinziehen, weil Sie gerade eine Stunde am Multistepper trainiert haben, obwohl Sie sich die ganze Zeit aufgestützt und insgesamt vier Kalorien verbrannt haben, dann, sorry, werden Sie fett.

Wenn wir schon beim Negativen sind, können wir auch gleich die unwirksamen Methoden ansprechen. Es gibt eine

Menge Empfehlungen mit sagenhaften Erfolgsmeldungen über Gewichtsabnahme, die leider gar nichts bringen. So traurig es ist, Sie sollten trotzdem vorher Bescheid wissen, sonst strengen Sie sich an und nehmen trotzdem kein Gramm ab.

1. Alles, was mit Wärme zu tun hat (Wärmegürtel, Sauna, Gummi- oder Nylonanzüge, Packungen)

Es ist nicht das gleiche, ob Sie schwitzen, weil Ihnen heiß ist, oder ob Sie schwitzen, weil Sie bergsteigen. Sonst wäre Florida mit lauter schlanken Menschen besiedelt, oder?

2. Golf

Es sei denn, Sie sind der Caddie.

3. Training zum Abnehmen an bestimmten Stellen

Ihr Körper bestimmt, wo und wieviel Fett Sie beim Abspecken verlieren. Wenn Sie Sport treiben und dadurch ein Energiedefizit entsteht, wird Ihr Stoffwechsel neuen Brennstoff dort auftanken, wo immer er ihn findet, aber mit Sicherheit nicht bei der Körperstelle, die Sie schlank bekommen wollen. Sit-ups flachen zwar den Bauch ab, weil sie die Bauchmuskeln stärken, aber nicht, weil sie das Fett genau im Bauchbereich verbrennen. Als Faust- (bzw. Oberschenkel-) regel läßt sich sagen, daß man Fett dort zuerst verliert, wo man es zuletzt eingelagert hat. Haben Sie erst um die Taille herum Polster angesetzt, dann hinten herum, dann an den Oberarmen und zu guter Letzt am Hals, werden Sie feststellen, daß Sie zunächst am Hals abnehmen, dann an den Oberarmen, am Hinterteil und zuletzt an der Taille. Nachdem Ihnen die ältesten Fettpolster wohl am meisten verhaßt sind, müssen Sie Geduld haben, denn Sie werden dort zuletzt abspecken. Andererseits haben all jene, die jammern, daß Sie, ganz gleich, wieviel Gewicht sie verloren haben, nie einen schlanken Wasauchimmer (sagen wir einmal: Hintern) bekommen, eben noch nicht genug abgenommen.

4. Sex

Es stimmt, daß ununterbrochener und ausgiebiger Geschlechtsverkehr bis zu 250 Kalorien pro Stunde verbrennen kann. Aber wann haben Sie zum letzten Mal eine Stunde lang ununterbrochen und ausgiebig mit einem Mann geschlafen? (Und wenn es noch nicht lang her ist, warum lesen Sie dann dieses Buch?) Es stimmt auch, daß Orgasmen 400 Kalorien pro Stunde verbrennen, aber wir wiederholen: Wenn Sie viermal pro Woche stundenlang Orgasmen haben, sollten Sie sich nicht beklagen und Ihren Körper der Wissenschaft zur Verfügung stellen. Unsere Untersuchungen jedenfalls haben ergeben, daß man bei einem normalen Orgasmus kaum mehr als zwei Kalorien verbraucht. Es ist also nicht der Rede wert.

5. Dehnen

Stretching ist angenehm, eignet sich aber nicht zum Verbrennen von Kalorien. Geben Sie daher nichts darauf, es sei denn, es macht Ihnen Spaß, sich die Fußgelenke auf die Schulter zu legen.

WIE VIELE KALORIEN SIE BEIM KARTENSPIELEN, WENN SIE EINE HOSE BÜGELN ODER SICH SONST IRGENDWIE UNSPORTLICH BETÄTIGEN VERBRAUCHEN

Solange Sie einen Funken Leben in sich verspüren, kann man jede Betätigung als Sport ansehen, wenn sie nur Spaß macht.

Selbst bestimmte Arten von Totsein können sich günstig auf den Stoffwechsel auswirken – wenn man bedenkt, daß eine 60 Kilo schwere Frau, wenn sie daliegt und nichts tut, 78 Kalorien verbrennt. Natürlich kann man diese Wirkung durch den Verzehr einer Handvoll Rosinen auf einen Schlag zunichte machen. Aber wann haben Sie zum letzten Mal von einem Leichnam gehört, der sich einen Imbiß genehmigt? Im Vergleich zur Ewigkeit sind 78 Kalorien eine lächerliche Zahl.

Die folgende Tabelle gibt Aufschluß über den Kalorienverbrauch bei einer Reihe vielfältiger alltäglicher Verrichtungen im Haushalt. (Sie betrachten Arbeit im Kohlebergbau doch als alltägliche Freizeitbeschäftigung, nicht wahr?)

Um besser vergleichen zu können, sind auch einige Sportarten aufgenommen. Denn leider verbrennt man, von ein paar bemerkenswerten Ausnahmen abgesehen – etwa Holzhacken oder Strohballen mit der Heugabel verteilen, um nur zwei zu nennen –, beim Sport mehr Kalorien als bei anderen Tätigkeiten. Aber es ist beruhigend zu wissen, daß man mit bloßem Dasitzen immerhin ein Drittel der Kalorien verbrennt, die man mit Gymnastik verbraucht.

Wenn nicht anders aufgeführt, beziehen sich die Zahlen in der Tabelle auf Frauen. In den Fällen, in denen der Kalorienverbrauch sowohl für Männer als auch für Frauen angegeben ist, ist bemerkenswert, daß Männer höhere Werte haben, wenn es sich um Beschäftigungen wie Staubsaugen, Kochen, Stricken und Nähen, Skifahren im Pulverschnee oder Dastehen handelt. Frauen legen ihrerseits mehr Enthusiasmus bei Tätigkeiten wie Putzen, den Boden wischen, Fensterputzen und Einkaufen an den Tag als Männer. Dies würde ein neues System der Arbeitsteilung nahelegen, aber dieses Thema wollen wir hier nicht vertiefen.

	Körpergewicht			
	50 kg	59 kg	68 kg	86 kg
Betätigung	**Verbrannte Kal. pro Minute**			
Arbeit im Stahlwerk				
Guß putzen	4,5	5,3	6,7	7,7
schmieden	5,0	5,9	6,8	8,6
im Walzwerk, manuell	6,9	8,1	9,3	11,8
im Stabwalzwerk	7,3	8,6	9,9	12,5
Schlacken ziehen	8,9	10,5	12,1	15,3
Hochofen bedienen	6,3	7,4	8,6	10,8
Armbanduhr reparieren	2,4	2,8	3,3	6,6
Bergwandern ohne Gepäck	6,1	7,1	8,2	10,4
Bogenschießen	3,3	3,8	4,4	5,6
Boxen, im Ring	6,9	8,1	9,4	11,9
Boxen, Sparring	11,1	13,1	15,1	19,1
Buchbinderei	1,9	2,2	2,6	3,3
Bügeln (Frau)	1,7	1,9	2,2	2,8
Bügeln (Mann)	3,2	3,8	4,4	5,5
Drucken	1,8	2,1	2,4	3,0
Elektrotätigkeiten	2,4	3,4	3,9	5,0
Essen (im Sitzen)	1,2	1,4	1,6	2,0
Fensterputzen (Frau)	3,0	3,5	4,0	5,1
Fensterputzen (Mann)	2,0	3,4	3,9	5,0
Forstarbeit				
Holzhacken, schnell	14,9	17,5	20,2	25,5
Holzhacken, langsam	4,3	5,0	5,8	7,3
Bäume fällen	6,6	7,8	9,0	11,4
Boden aufhacken	4,6	5,4	6,2	7,8
Kaminholz aufschichten	4,4	5,2	6,0	7,6
Fußboden moppen (Frau)	3,1	3,7	4,2	5,3
Fußboden moppen (Mann)	2,9,	3,4	3,9	4,9
Gartenarbeit				
umgraben	6,3	7,4	8,6	10,8
Hecke schneiden	3,9	4,5	5,9	6,6
Rasenmähen	5,6	6,6	7,6	9,6

	Körpergewicht			
	50 kg	59 kg	68 kg	86 kg
Betätigung	**Verbrannte Kal. pro Minute**			
rechen	2,7	3,2	3,7	4,6
Golfspielen	4,3	5,0	5,2	7,3
Gräben ziehen	7,3	8,6	9,9	12,5
Gymnastik	3,3	3,9	4,5	5,7
Kanufahren, gemütlich	2,2	2,6	3,0	3,8
Kanufahren, Rennen	5,2	6,1	7,0	8,9
Kartenspielen	1,3	1,5	1,7	2,2
Kochen (Frau)	2,3	2,7	3,1	3,9
Kochen (Mann)	2,4	2,8	3,3	4,1
Kohlebergbau				
Gesteinsbohrung	4,7	5,5	6,4	8,1
Stützen errichten	4,4	5,2	6,0	7,6
Kohle schaufeln	5,4	6,4	7,3	9,3
Kürschnerarbeit	4,2	4,9	5,6	7,1
Lagerhaltung	2,7	3,2	3,7	4,6
Landwirtschaft				
Scheune reinigen	6,8	8,0	9.2	11,6
Mähdrescher fahren	2,0	2,4	2,7	3,4
Kühe füttern	4,3	5,0	5,8	7,3
Strohballen mit der Heugabel verteilen	6,9	8,1	9,4	11,9
mit der Hand melken	2,7	3,3	3,7	4,6
Laufen				
7 Min. auf 1 km	6,8	8,0	9,2	11,7
5 Min. auf 1 km	9,7	11,4	13,1	16,6
4 Min. auf 1 km	12,2	13,9	15,6	19,1
3,5 Min. auf 1 km	14,5	17,1	19,7	24,9
Lebensmittel einkaufen (Frau)	3,1	3,7	4,2	5,3
Lebensmittel einkaufen (Mann)	2,9	3,4	3,9	5,0
Marschieren, schnell	7,1	8,4	9,7	12,2

	Körpergewicht			
	50 kg	59 kg	68 kg	86 kg
Betätigung	**Verbrannte Kal. pro Minute**			
Maschineschreiben				
elektrisch	1,4	1,6	1,8	2,3
mechanisch	1,6	1,8	2,1	2,7
Musizieren				
Akkordeon (im Sitzen)	1,6	1,9	2,2	2,8
Cello (im Sitzen)	2,1	2,4	2,8	3,5
Dirigieren	2,0	2,3	2,7	3,4
Trommel (im Sitzen)	3,3	3,9	4,5	5,7
Flöte (im Sitzen)	1,8	2,1	2,4	3,0
Horn (im Sitzen)	1,5	1,7	2,0	2,5
Orgel (im Sitzen)	2,5	3,1	3,6	4,6
Klavier (im Sitzen)	2,0	2,4	2,7	3,4
Trompete (im Stehen)	1,6	1,8	2,1	2,7
Violine (im Sitzen)	2,3	2,7	3,1	3,9
Holzblasinstrumente (im Sitzen)	1,6	1,9	2,2	2,8
Putzen (Frau)	3,1	3,7	4,2	5,3
Putzen (Mann)	2,9	3,4	3,9	5,0
Radfahren, Freizeit (15 km/h)	5,0	5,9	6,8	8,6
Schlittschuhlaufen	8,3	9,8	11,3	14,3
Schneidern				
zuschneiden	2,1	2,4	2,8	3,5
mit Hand nähen	1,6	1,9	2,2	2,8
Maschinennähen	2,3	2,7	3,1	3,9
bügeln	3,1	3,7	4,2	5,3
Schreiben (im Sitzen)	1,5	1,7	2,0	2,5
Schwimmen				
Rücken	8,5	10,0	11,5	14,5
Brust	8,1	9,6	11,0	13,9
Kraulen, schnell	7,8	9,2	10,6	13,4
Kraulen, langsam	6,4	7,6	8,7	11,0

Betätigung	Körpergewicht 50 kg	 59 kg	 68 kg	 86 kg
	Verbrannte Kal. pro Minute			
Seitenschwimmen	6,1	7,2	8,3	10,5
Wassertreten, schnell	8,5	10,0	11,6	14,6
Wassertreten, normal	3,1	3,7	4,2	5,3
Sitzen	1,1	1,2	1,4	1,8
Skifahren auf hartem Schnee				
mittlere Geschwindigkeit	6,0	7,0	8,1	10,2
Skifahren auf weichem Schnee				
gemütlich (Frau)	4,9	5,8	6,7	8,4
gemütlich (Mann)	5,6	6,5	7,5	9,5
Sporttauchen				
ziemliche Geschwindigkeit	13,8	16,3	18,8	23,7
mäßige Geschwindigkeit	10,3	12,2	14,0	17,7
Stehen (Frau)	1,3	1,5	1,7	2,2
Stehen (Mann)	1,4	1,6	1,8	2,3
Streichen, Innenwände	1,7	2,0	2,3	2,9
Streichen, Außenwände	3,9	4,5	5,2	6,6
Stricken/Nähen (Frau)	1,1	1,3	1,5	1,9
Stricken/Nähen (Mann)	1,2	1,4	1,6	2,0
Tanzen im Ballsaal	2,6	3,0	3,5	4,4
Tapezieren	2,4	2,8	3,3	4,1
Tennis	5,5	6,4	7,4	9,4
Teppichsaugen (Frau)	2,3	2,7	3,1	4,1
Teppichsaugen (Mann)	2,4	2,8	3,3	4,5
Tischtennis	3,4	4,0	4,6	5,8
Verputzen	3,9	4,6	5,3	6,7
Volleyball	2,5	3,0	3,4	4,3
Zeichnen (im Stehen)	1,8	2,0	2,4	3,1
Zirkeltraining	9,3	10,9	12,6	15,9

WIE SIE EINE TONNE GEWICHT OHNE JEGLICHE ANSTRENGUNG VERLIEREN

Schon mal von der Magen-Darm-Grippe gehört?

ENGE JEANS UND ANDERE PROBLEME

Was motiviert Frauen zum Abnehmen? Unseren Umfragen zufolge steht Kleidung an erster Stelle (gleich danach kommen Gesundheit und die Männer, und zwar in dieser Reihenfolge). Die Vorstellung, daß das »Kleine Schwarze« im Kleiderschrank wieder passen könnte, gibt uns die Kraft, nein zum Käsekuchen zu sagen. Natürlich sind wir alle schon beinahe der Versuchung erlegen, die enge Jeans mit den extra weiten Klamotten zu vertauschen, in denen wir uns winzig vorkommen. Zu unserem Bedauern müssen wir Ihnen jedoch sagen, daß die Taille sich ausdehnt, um in den Gummibund hineinzupassen. Viel zu weite, lose um den Körper hängende Kleidung führt zu viel zu üppigem, undiszipliniertem Essen. Denken Sie daran: Was ist schon eine zweite Portion Kartoffelpüree, wenn Ihnen Ihre Hose genügend Bewegungsfreiheit für einen eleganten Hüftschwung läßt?

Aber sehe ich in einer Riesenjeans nicht dünner aus? Nein. Sie sehen darin aus wie jemand, der sich wünscht, darin dünner auszusehen. In riesigen Jeans sehen Sie aus wie in einem ausgebeulten Sack, oder als ob Sie gerade im Fallschirm zur Erde gepurzelt wären. Sie sehen aus, als ob es mehr von Ihnen gäbe, als tatsächlich der Fall ist. *Wollen Sie damit sagen, daß ich mich in Barbieklamotten zwängen soll?* Nein, zu eng sitzende Kleidung sieht ebensowenig schmeichelhaft aus. Und Sie fühlen sich darin hoffnungslos zu dick, so daß Sie sich nur mit Essen darüber hinwegtrösten können.

Was also tun die Dünnen? Sie tragen Klamotten, die genau passen. Oder sie besitzen verschiedene Garnituren.

Weitere Klamottenaspekte:

- Wenn Sie in Einkaufslaune sind, wirkt Kleiderkaufen genauso befriedigend wie Essen. Versuchen Sie einmal, anstelle eines Mittagessens durch ein Kaufhaus zu bummeln. Die Anprobe von einem Dutzend Jeans ist wie Aerobic. Und wenn Sie Kleider anziehen, auf die Sie ganz versessen sind, werden Sie nicht mehr ans Essen denken. Außerdem ist es ziemlich schwierig, eine Pizza in die Umkleidekabine zu schmuggeln.
- Viele Frauen sind der Meinung, daß man durch teure Garderobe mindestens drei überschüssige Kilo verschwinden lassen kann.
- Achten Sie darauf, daß Ihre Garderobe die dünnsten Körperstellen unterstreicht und die anderen verbirgt. Als »Frau Kartoffelbrei« etwa tragen Sie ein ärmelloses Minikleid, das Ihre schlaksigen Plastikbeine betont, Ihren von Stärke gerundeten, zwiebelförmigen Körper dagegen versteckt.
- Anleger in Risikokapital, aufpassen! Wir möchten Sie auf die ausgezeichnete Idee unserer Freundin Sheila Nevins aufmerksam machen – ein Kaufhaus namens »Camou-

flage« (»Tarnung«), in dem die Kleidungsstücke nicht nach Größe zum Verkauf angeboten werden, sondern sortiert nach den zu versteckenden Körperstellen – eine Abteilung *Fette Hintern*, eine Abteilung *Probleme in der mittleren Partie*, eine Abteilung *Was ich auch mache, ich habe immer noch so dicke Oberschenkel,* eine Abteilung für *Schauen Sie nicht auf meinen Bauch!*, eine Abteilung *Kontrolle der Arme*, und so weiter und so weiter …

KLEINWÜCHSIGKEIT

Falls es Ihnen noch nicht aufgefallen ist, wir sind beide klein geraten und deswegen sehr verbittert. Dazu kommt, daß die Großen, die nie Hosen kürzen müssen, uns Kleinen gegenüber gewichtsmäßig eindeutig im Vorteil sind. Drei Kilo zuviel auf einen Rahmen von 175 cm verteilt, sehen entschieden anders aus als drei Kilo extra, hineingestopft in 152 cm.

Große Menschen jammern trotzdem über ihr Ungemach (»Als Kind war ich so schlaksig!«, »Bei mir steht alles, was ich anziehe, auf Hochwasser!«, »Nie werde ich diese traumhaften Pumps anziehen können!«, »Männer fühlen sich von großen Frauen eingeschüchtert!«, »Immer muß ich auf die ekligen Köpfe der anderen hinunterschauen!«). Darauf können wir nur erwidern: »Haltet bitte endlich den Mund!« Kleine Leute neigen dazu, massig, untersetzt und füllig zu wirken, ganz gleich, wie stark sie dagegen ankämpfen, während die Großen locker als stramm, kräftig und selbstbewußt durchgehen, ehe jemand auf den Gedanken kommt, sie wären fett. Bei denen kann man sich viel leichter im Gewicht irren als bei den Kleinen. Wir hassen sie!

Um unsere kleinwüchsigen Leserinnen aufzuheitern, möchten wir sie auf folgendes hinweisen:

1. Große, sogar dünne Große, tragen größere Konfektionsgrößen als die dünnen Kleinen.
2. Nie wird jemand eine große Frau »petite« oder »Nymphchen« nennen. Nie.
3. Viele, sehr viele Männer verwechseln klein mit dürr. Das mag daran liegen, daß die meisten Männer größer sind als wir, so daß sie eine verzerrte Perspektive haben, aus der ihnen eine kleine Frau noch kleiner erscheint, als sie wirklich ist. Selbst wenn Sie ganz schön dick sind, sind die Männer immer noch verwirrt und glauben, Sie wären »niedlich«. Tatsächlich *sind* Sie für sie auch »niedlich« – Sie sind nämlich niedlicher als sie, was den Umfang betrifft, und weil Ihr Kopf ihnen kaum bis zur Achselhöhle reicht. Dies ist das Wunder der Perspektive, und deshalb lieben wir die Kunst der Renaissance. Vielleicht sind die Männer aber auch einfach dumm. Sei's drum, es gereicht der Kleinen jedenfalls zum Vorteil.

NACKT ESSEN

Wir haben überlegt, ob wir rohe Eier essen sollen, in der Hoffnung, uns eine Salmonelleninfektion einzufangen (rapider Verlust von zwölfeinhalb Pfund). Wir waren versucht, Bandwürmer zu schlucken (der letzte Diät-Schrei vor ein paar Jahren). Wir wollen jede Diät machen, bis wir schwindelig werden. Aber beim Nackt-Essen hört der Spaß auf.

Nackt essen heißt, daß Sie Ihre Mahlzeiten allein in Ihrer Wohnung vor einem Spiegel einnehmen – *ohne Klamotten!* (Ein echter Profi, so vermuten wir, könnte dieser vorteilhaften Mischung noch eine grelle Neonbeleuchtung hinzufügen.) Eine Dünne aus unserem Kreis hatte durchschlagenden Erfolg mit dieser Methode. Fast täglich schaffte sie es, sich mittags aus dem Büro zu entfernen, um ihr Thunfisch-Salat-Sandwich im Anblick ihrer unbekleideten Schönheit zu verspeisen. Zweifelsohne verleidet man sich damit das Fressen. Vielleicht sogar das Essen. In manchen Fällen sogar das Leben.

Wir hoffen, daß durch unser Buch eine Nackt-Essen-Welle das Land überschwemmen wird. Wir hoffen, daß sie sich auf Partys, Restaurants und Flughafen-Cafés ausdehnen wird. Trifft das ein, dann ignorieren Sie das Kapitel »Enge Jeans und andere Probleme«.

SEX

Bei Sex mögen Sie zwar an eine Kontaksportart denken, doch wird aus einem bestimmten Grund nie eine olympische Disziplin daraus. Denn wie akrobatisch Sie auch immer im Bett/im Auto/im Flugzeug sind, der Beischlaf – vom ersten Klimpern mit den Wimpern bis zu dem Augenblick, in dem Sie wieder korrekt gekleidet sind – verbrennt eben nicht viele Kalorien. (Selbst dann nicht, wenn Sie sich, wie eine Dünne empfiehlt, während des Aktes winden und krümmen, als ob Sie eine Schlange wären, durch deren Körper jemand einen Pfahl gerammt hat.) So viele Kalorien verbrennt man dabei:

- Küssen: 6–12 Kalorien pro Kuß
- Vorspiel: 100 Kalorien pro Stunde
- Geschlechtsverkehr: 100 Kalorien pro Stunde, wenn Sie passiv sind; 250 Kalorien pro Stunde, wenn Sie ein Draufgänger sind
- Orgasmus: 400 Kalorien pro Stunde (eine beeindruckende Zahl, aber wann hatten Sie zum letzten Mal eine volle Stunde lang einen Orgasmus?)

Jetzt kommt das Positive: Aus Vorfreude auf das sexuelle Vergnügen scheinen viele Frauen nur wenig zu essen. Und Frauen, die nachts Unmengen vertilgen, sind vom Geschlechtsverkehr oft so erschöpft (und befriedigt), daß sie gern den üblichen Angriff auf den Eisschrank zumindest für diese Nacht sein lassen. Und noch etwas: In einem Teelöffel Sperma befinden sich ungefähr fünf Kalorien.

KANNIBALISMUS

Nimmt man zu, wenn man sein eigenes Bein verzehrt? Ob Sie es glauben oder nicht, dies war ein lebhaft diskutiertes Thema bei einem unserer Mittagessen für Dünne. Wir kamen zu dem Schluß, daß Sie bestimmt abnehmen würden (überraschenderweise gibt es auf diesem Gebiet wenige wissenschaftliche Forschungsergebnisse). Hier unsere Überlegungen: Wir nahmen an, daß Sie das Bein ohne Rahmsoße essen, und daß Sie – es sei denn, Sie hätten wirklich Hunger – die Knochen weglassen. Außerdem würde ein gewisser Anteil des Gegessenen, wie soll man es ausdrücken, durch Ihr Verdauungssystem wieder ausgeschieden werden. Und dann wären Sie natürlich minus ein Bein. Vom Schuh ganz zu schweigen. Sie würden insgesamt also abnehmen.

Jetzt werden Sie sich wahrscheinlich wundern, warum wir hier für Kannibalismus plädieren. Wir tun es ausschließlich aus Gewichtsgründen. Um es nochmals zu betonen, für diese Art der Ernährung gibt es hinsichtlich des Diät-Aspektes wenige wissenschaftliche Veröffentlichungen. Wir haben jedoch nie Abbildungen von fetten Kannibalen gesehen. Menschen gehören zu den Lebewesen, von denen man eben nicht zu viele essen möchte. Und in der Tat erklärte uns ein Arzt, daß Kannibalen – und er behauptete, daß die letzten heutzutage in Papua-Neuguinea leben – jeweils nur gerade genug essen, um am Leben zu bleiben. Mit anderen Worten, sie haben kein Verlangen nach Marmeladebrötchen (was sie aber dringend benötigen, ist Kalzium, deswegen kochen sie die Knochen und essen sie).

Unser Tip bei der Bestellung: Nehmen Sie magere Stücke und aus diesem Grund magere Menschen.

BRIEFMARKEN, ARZNEI UND ANDERE QUELLEN, IN DENEN KALORIEN VERSTECKT SEIN KÖNNTEN

Für den Fall, daß Sie sich beim Anlecken einer Briefmarke Gedanken über deren Kaloriengehalt machen, können wir Sie beruhigen. 1) enthält die Beschichtung nur Leim im Gegenwert von 1/10 Kalorie, und 2) wird die Post bald ohnehin selbstklebende Briefmarken ausgeben. Der größte »Nährwert« einer Briefmarke stammt von Kohlehydraten, aber selbst wenn Sie eine reine Eiweiß-Diät machen, würden Sie vom Briefeschreiben nie fett werden. Es sei denn, Sie naschen dabei Schokolade.

Wir verstehen natürlich, daß das Kalorienzählen nicht immer vernünftig ist. Zum Beispiel gibt es das »Gib-mir-einen-Riesen-Speck-Cheeseburger-ein-Croissant-mit-Würstchen-Pommes-und-eine-Cola-light-paß-aber-auf-daß-es-wirklich-eine-Cola-light-ist«-Syndrom, wobei offenbar gerade diese lumpige letzte Kalorie das Faß zum Überlaufen bringen kann. Frauen, die an diesem Syndrom leiden, neigen dazu zu essen, bis sie platzen, um dann wegen der zusätzlichen Kalorien auf ein Mittel gegen Magenübersäuerung zu verzichten.

Aber Spaß beiseite. Nachstehend die Kalorien von Nonfood-Produkten:

Ibuprofen, 1 Tablette	weniger als 1 Kalorie
Paracetamol, 1 Tablette	weniger als 1 Kalorie
Wick-Hustenbonbons	391 Kalorien auf 100 g
Krüger-Multivitamintabletten, 1 Tablette	18 Kalorien auf 100 ml Wasser
Vitabit-Multivitamin, 1 Lutschtaler	12 Kalorien
Schlafmittel	zu vernachlässigen
Salzlösung	zu vernachlässigen
Glukoselösung	wechselt je nach der Glukosekonzentration

Verschiedenes

Sperma	1 bis 5 Kalorien pro Teelöffel
Vadamecum Gum Pfefferminz	163 Kalorien auf 100 g
Ricola Halsbonbons	399 Kalorien auf 100 g
Wrigley's Orbit Sugarfree	175 Kalorien auf 100 g
Lippenstift	zu vernachlässigen (es sei denn, Sie sind ein Lippenstift-a-holic und essen den ganzen Stift auf)*
Eßbare Unterwäsche	Wenn Sie sich erst erkundigen müssen, essen Sie sie nicht!

* Wir haben gelesen, daß eine Frau während ihres Lebens vier Kilo Lippenstift schluckt, konnten jedoch weder von Kosmetikfirmen noch von Diätpäpsten eine Bestätigung dafür erhalten.

KUMMER, ANGST UND DEPRESSION

Der liebe Gott schickt Ihnen aus einem einzigen Grund Kummer: damit Sie abnehmen. Vergessen Sie also das Sprichwort »ohne Leid, keine Freud«. Je mehr Leid, desto eher schwinden Sie dahin. Tatsächlich ist eine außerordentliche seelische Belastung die beste Diät, die wir kennen. Sie tötet unseren Appetit ab und verwandelt uns in schlaflose Wesen, die jeden Morgen bereits um fünf Uhr auf dem Laufband stehen, um ihre Angst zu überwinden; und sie beschert uns Herzklopfen, was fast so wirkungsvoll wie Training ist.

Leider wirkt das nicht bei jedem Menschen gleich gut:

1. Es gibt Menschen, die an der unbrauchbaren Art von Depression leiden – sie essen mehr, wenn sie unglücklich sind, in der Hoffnung, im Essen ein wenig Trost zu finden. Dieser Fall ist so traurig, daß wir nicht näher darauf eingehen wollen.
2. Dann gibt es Menschen, die bei schweren Angstzuständen oder Depressionen abnehmen, aber wenn der Streß geringer wird, sofort wieder zunehmen. Wir erkundigten

uns bei Frau Dr. Lorraine Eyerman, einer anerkannten Diätärztin mit Praxis in Manhattan, nach einer physiologischen Erklärung. Leichte seelische Belastung, meinte sie, geht einher mit einem Serotonin-Mangel. Wenn wir bestimmte Nahrungsmittel essen, läßt dies unseren Serotonin-Wert emporschnellen, und dadurch wird unser Wohlbefinden wiederhergestellt. Und jetzt kommt die schlechte Nachricht: Die glücklich machenden Nahrungsmittel sind Kohlehydrate, besonders Süßigkeiten, und hier vor allem – Schokolade. Diese glücklich machenden Nahrungsmittel zu essen läßt uns ironischerweise zunehmen, und das macht uns noch trauriger, weshalb wir mehr essen und noch dicker und noch trauriger werden und so weiter, und so weiter ... Um diesem Teufelskreis zu entgehen, raten wir zu einer Therapie, zu Antidepressiva oder zu einer Hungersnot.

Na ja, beruhigen Sie sich wieder (aber nicht zu sehr): Wenn Sie so sind wie die meisten Frauen, mit denen wir gesprochen haben, können Sie damit rechnen, daß Sie, wenn Sie nur unglücklich genug sind, einige Pfunde loswerden. Wie viele? Das hängt davon ab, wie sehr Sie leiden wollen. Hier geben wir Ihnen einige Anhaltspunkte, je nach Art der Krise (es tut uns leid, aber wenn Sie zu denen gehören, die bei Depressionen zunehmen, beziehen sich diese Angaben auf Pluspfunde).

Mit dem Freund Schluß machen	3 ½ bis 7 ½ Pfund
Auf das Examen büffeln	2 bis 3 ½ Pfund
Eine Hochzeit planen	9 bis 11 ½ Pfund

Der Party-Service sagt ein paar Tage vor der Hochzeit ab.	13 1/2 Pfund
Dem Ehemann auf die Schliche kommen, daß er ein Verhältnis hat.	13 1/2 Pfund
Scheidung.	13 1/2 bis 16 Pfund
Verhandlung über das Sorgerecht der Kinder.	14 1/2 bis 18 Pfund
Umzug in eine neue Wohnung.	9 bis 11 Pfund
Kurz vor dem Umzug platzt der Verkauf Ihrer jetzigen Wohnung.	13 1/2 bis 16 Pfund
Ihr Chef teilt Ihnen mit, daß die Firma im nächsten Monat Arbeitskräfte entlassen muß.	11 1/2 Pfund
Ihr 16jähriger Sohn konfrontiert Sie mit dem Vorhaben, die Schule zu verlassen und Jongleur zu werden .	10 Pfund
Ihre 25jährige Tochter zieht wieder zu Hause ein.	7 1/2 Pfund
Todesfall in der Familie.	7 1/2 bis 11 Pfund
Todesfall in der Familie, und Sie erben eine Million.	Stellen Sie sich darauf ein, daß Sie Unmengen an Dollar zunehmen werden!

VERALTETE ABNEHMMETHODEN

Seit es Kleidung gibt, gibt es Frauen, die gern eine kleinere Konfektionsgröße tragen würden. Und seit es Grapefruit und Schuldgefühle gibt, gibt es auch Mittel und Wege, dieses Ziel zu erreichen. Weiter unten finden Sie ein paar unserer Lieblings-Schlankheitsmethoden früherer Zeiten – die meisten waren Anfang des Jahrhunderts üblich. Wir schwören jeden Eid, daß wir sie nicht erfunden haben. Heutzutage erscheinen sie verrückt, aber wer weiß? Was, wenn eine hilft, wenigstens ein ganz klein wenig?

SCHLANK WERDEN AUS FINANZIELLEN GRÜNDEN. Fangen Sie an, und essen Sie, was immer Sie wollen, solange es nicht mehr als eine Mark pro Tag kostet. (Das muß man nicht als Strafe ansehen, denn diese Art abzunehmen war im Jahr 1889 beliebt, als eine Mark noch eine Mark war.)

TROCKEN ESSEN. Eine Diät fast ohne Flüssigkeit, die nur eine Tasse schwarzen Kaffee zum Frühstück und eine Tasse Tee ohne alles zum Mittagessen erlaubt.

SCHLEIMLOSE DIÄT. Vermeiden Sie Fleisch und Mehl, weil sie gefährlichen Schleim verursachen. (Laut den Befürwortern dieser Diät wissen Sie, daß Sie sich auf dem Weg zur Schlankheit befinden, wenn Sie von Ausschlag und Furunkeln übersät sind.)

AUF DEM BODEN ROLLEN, UM DAS FLEISCH ZU REDUZIEREN. Der Name sagt alles. Übrigens haben wir unlängst im Supermarkt eine Broschüre gekauft mit dem Titel *Rollen Sie sich dünn in zwölf Minuten ...*

DIE 20-LITER-MILCH-DIÄT. Höchst beliebt im Jahre 1909, als es noch keinen Kühlschrank gab. Natürlich brauchte man für diese Diät eine Kuh.

FLETCHERISMUS. Eine Methode, die Horace Fletcher eingeführt hat. Er reduzierte die aufgenommene Nahrung um die Hälfte, indem er sie hingebungsvoll kaute, bis nur mehr eine geschmacklose Flüssigkeit übrigblieb. Mit dieser Methode können Sie die Menge der aufgenommenen Nahrung verringern (aber vermutlich auch die Anzahl derer, die mit Ihnen essen wollen).

TABAK. Herr Chirurg, hören Sie diese Worte, die Clarence Lieb in *Eat, Drinke, and Be Slender* (1929) geschrieben hat: »Um wieviel besser ist es, eine Zigarette zu rauchen, während man auf das Essen wartet, als das tödliche Brot mit Butter zu mampfen ... Eine Zigarette als Nachspeisen-Ersatz zu rauchen ist hervorragend und auch mindestens im gleichen Grad sättigend wie süße Nachspeisen oder verschiedene Bonbons ... Beim Rauchen ist die gesundheitsschädigende Wirkung unendlich viel geringer als beim Verzehr von Zuckerguß.«

REITEN. Wir zitieren nochmals Clarence Lieb: »Ein temperamentvolles Pferd ist gut sowohl für das Innere als auch für das Äußere eines fetten Menschen ... Denn die Gewichtsabnahme verläuft entsprechend dem Wesen des Pferdes.«

DIE BANDWURM-KUR. Schlucken Sie einfach die Tablette mit dem Bandwurm, und das gesamte, um Ihren Bauch gelagerte Essen wird aufgegessen.

FLÜSSIGE SCHLANKHEITSKUREN

Flüssige Schlankheitskuren sind ein köstlicher und gesunder Weg zum Abnehmen und Fitbleiben – das zumindest steht auf dem Etikett der entsprechenden Flaschen. Wir haben herausgefunden, daß das tatsächlich mehr oder weniger zutrifft. Die Idee der flüssigen Schlankheitskur ist einfach. Sie ersetzen das Frühstück und das Mittagessen durch (wir dürfen schon wieder zitieren) »einen köstlichen, gesunden, nährstoffreichen Diätshake«, der in den Nährstoffen ausgewogen, fett- und kalorienarm ist, und runden den Tag mit einem netten Abendessen ab.

Der genaue Inhalt des Diätshakes hängt von der Marke ab. Die meisten flüssigen Schlankheitskuren sind als Trockenmischung auf dem Markt; Sie fügen Flüssigkeit hinzu und mischen sich Ihre Mahlzeit selbst. Das Slim-Fast-Pulver mit Vanillegeschmack etwa hat 351 Kalorien auf 100 g. Das gleiche gilt für das Slim-Fast-Pulver Schoko Royale. Außerdem gibt es noch die Multaben Molkekur und den Multaben Diätdrink. Je nach Produkt, das Sie gewählt haben, können Sie Ihr Getränk mit 225 g fettarmer Milch oder mit eiskaltem Wasser zubereiten, in letzterem Fall enthält Ihr Shake dann keine zusätzlichen Kalorien.

Wir kennen viele Frauen, die auf flüssige Schlankheitskuren schwören. Aus verschiedenen Gründen sind sie auch hilfreich. Denn erstens bekommen Sie eine gewisse Routine beim Umfang Ihrer Mahlzeiten – die Portionen werden nicht zu groß. Wenn Sie zu denen gehören, die schon morgens einer zweiten Portion Müsli nicht widerstehen können und beim Mittagessen den Teller blank lecken, dann sind diese Mixgetränke für Sie ideal, denn sie überlassen nichts dem Zufall und geben auch keinen Spielraum zum Schummeln. Zweitens werden Sie durch die flüssige Schlankheitskur in den Diätzustand versetzt. Sie fühlen sich irgendwie geläutert und abgehoben, wenn Sie die Shakes einige Male am Tag zelebrieren, und deshalb können Sie auf die zweite Portion Pommes frites beim Abendessen gut verzichten. Die Kur macht Sie außerdem euphorisch, beschert sie Ihnen doch zweimal am Tag Schoko-Milkshakes. Drittens haftet dem Ganzen etwas Wissenschaftliches an. Shakes, die Ihr Frühstück und Ihr Mittagessen ersetzen, haben zur Folge, daß Ihre Kalorienzufuhr verknappt wird (es ist ziemlich schwierig, aus richtigen Lebensmitteln ein Mittagessen mit 220 Kalorien zuzubereiten).

Dr. Fried, ein Biochemiker, der sich auf Fettleibigkeit spezialisiert hat und den wir eines Abend über einem proteinreichen, fettarmen Abendessen interviewten, führte aus, daß die flüssigen Schlankheitskuren teilweise wirkungsvoll sind, weil uns dabei die Freude am Essen vorenthalten wird, und dies scheint den Hunger in Schach zu halten. Mit anderen Worten: Sie gewöhnen sich bei flüssigen Schlankheitskuren daran, daß Sie nichts essen, so daß Sie nicht soviel ans Essen denken und es deswegen auch nicht so vermissen. Sie könnten wahrscheinlich aus derselben Anzahl Kalorien und Fett wie in einer flüssigen Schlankheitskur eine Diät aus festen Nahrungsmitteln zusammenstellen. Aber offenbar haben Sie dabei ständig Hunger, und es geht Ihnen etwas ab, da Sie zwar essen, aber eben nicht soviel bekommen, wie Sie gerne hätten. (In gewisser Weise beruht die Idee auf derselben Grundlage wie Schlankheitskuren mit einer Monodiät. Es ist eine Tatsache, daß Sie insgesamt weniger essen, je geringer die Auswahl an Gerichten ist. Vermutlich, weil es zu langweilig wird.)

Mit flüssigen Schlankheitskuren haben wir beide abgenommen, und wir wenden sie immer noch hin und wieder an, um unsere mehrwöchige Disziplinlosigkeit auszugleichen. Zwei Wochen Gratis-Ferien in der Toskana zum Beispiel spornen uns zu zehn Tagen mit Frühstück und Mittagessen aus einem Shake mit Schokoladegeschmack an.

Das Positive daran: Flüssige Schlankheitskuren sind billig, leicht in der Anwendung, halbwegs wohlschmeckend, rezeptfrei erhältlich, beinhalten große Mengen an Vitaminen, machen ganz schön satt, erfordern kein Nachdenken, sind nicht gefährlich – es sei denn, Sie sind so verrückt und nehmen nichts anderes zu sich als Diätshakes – und werden Sie vermutlich ziemlich schnell um ein paar Pfunde erleichtern, so daß Sie Ihre Motivation zum Abnehmen nicht verlieren.

Das Negative daran: Theoretisch können Sie diese Diät nicht ewig fortsetzen (wir wissen eigentlich nicht genau warum, aber nehmen wir einmal an, Sie können oder sollten nicht). Wenn Sie mittags keinen Mixer zur Verfügung haben, ist allein schon die Zubereitung des Shakes verflixt mühsam. Es gibt zwar heutzutage in vielen Geschäften entsprechende Fertiggetränke. Auch bieten manche Hersteller von flüssigen Schlankheitskuren Riegel an, die eine Shake-Mahlzeit ersetzen können, wenn Sie dazu ein Glas mit 225 Millilitern Milch trinken. (Natürlich nehmen Sie weniger Kalorien auf, wenn Sie die Milch weglassen. Aber Sie werden sich dann weniger satt fühlen, und außerdem bekommen Sie ohne die Milch nicht genügend Eiweiß und so weiter. Vermutlich werden Sie deshalb eher wieder zu naschen anfangen. Keine gute Idee.) Wir haben entdeckt, daß wir nur abnehmen, wenn wir nicht eine, sondern zwei Mahlzeiten durch das Mixgetränk ersetzen. Wenn Sie also oft auswärts zu Mittag essen, sind Diätshakes für Sie keine geeignete Methode. (Und als Ersatz für das Abendessen empfinden wir sie als ganz schön grausam.)

Aber Vorsicht vor Selbsttäuschung! Shakes und Mahlzeitriegel sind keine Antikalorien. Stellen Sie sich nicht selbst ein Bein. Wenn Sie am Tag drei Shakes plus Abendessen plus einige Erdnuß-Butter-und-Schokolade-Knusper-Diätriegel zu sich nehmen, werden Sie fett. Dürfen wir noch einmal aus der Verpackung der Slim-Fast-Snacks zitieren? »ACHTUNG: DIESE RIEGEL SIND UNGLAUBLICH LECKER. BITTE ÜBERESSEN SIE SICH NICHT. VERGESSEN SIE NICHT, WIR WOLLEN IHNEN DABEI HELFEN, IHR GEWICHT NIEDRIG ZU HALTEN.«

Mixen Sie sich Ihren eigenen Shake ohne Zucker und Molkereiprodukte

- ein oder zwei oder drei Eßlöffel ungesüßten, entölten Kakao (15 Kalorien pro Eßlöffel)

- $1/4$ Tasse oder weniger fettfreies Milchpulver (60 Kalorien oder weniger)
- Süßstoff nach Wahl (etwa 7 Kalorien)
- ein wenig Eis (kein schlechtes Gewissen!)

Geben Sie alles bis auf das Eis in einen Mixer. Fügen Sie das Eis allmählich hinzu, bis das Gebräu ungefähr die Konsistenz erreicht hat, die Sie von einem Milkshake erwarten. Schmeckt gar nicht so schlecht.

MONODIÄTEN

Schlankheitskuren, die ausschließlich auf einem Nahrungsmittel basieren, erlauben dem aufgeregten Geist, sich zu beruhigen. Anders ausgedrückt, wenn Sie es satt haben, sich um Ihre Diät zu kümmern, Buch zu führen über das, was Sie gegessen haben, Mikrogramm zu zählen und Ihre Nahrungspyramide aufzubauen, dann sind Sie wahrscheinlich reif für die sogenannte Monodiät. Eine Monodiät setzt fest, daß Sie ein Produkt – und nur dieses eine Produkt – essen, aber davon so viel, wie Sie wollen. Bei einer modifizierten Monodiät essen Sie ebenfalls ausschließlich ein Produkt plus einige notwendige Extras wie zum Beispiel Kopfsalat. Eine weitere Variante erlaubt Mahlzeiten mit nur einem Produkt plus Abendessen.

Seit Beginn unserer Zeitrechnung hat es Monodiäten gegeben. Im Reich der Tiere sind Sie tatsächlich an der Tagesordnung. Eine Monodiät hat aus folgenden Gründen Erfolg: 1) Je weniger abwechslungsreich Sie essen, um so weniger essen Sie insgesamt. 2) Welches Nahrungsmittel Sie für Ihre Monodiät auch gewählt haben, Sie werden es schließlich über haben und einfach keine großen Mengen mehr essen können, ganz gleich, wie sehr es Ihnen am Anfang geschmeckt hat.

Beliebte Monodiäten aus Vergangenheit und Gegenwart:

- Die Hotdog-Diät wurde in den 50er Jahren durch ein Buch berühmt. Unzählige Wienerwürstchen; der Gemüsebedarf wurde durch Sauerkraut und Ketchup gedeckt; Semmeln nach Belieben. Die große Überraschung: Nach ein paar hundert Hotdogs nahm der Bedarf der Leute nach diesem Gericht ab – und wie durch ein Wunder sank ihr Gewicht;
- die Hotdog und Rote-Rüben-Diät;
- die Popcorn-Diät, auch in den 50er Jahren verbreitet;
- die Alle-Nahrungsmittel-Diät, gut für Leute mit Gallenblasen-Leiden und Schlankheitswillige;
- die Speiseeis-Diät, zuerst 1946 empfohlen, und ihre heutige geistige Enkelin, die Fettfreie-Joghurt-Diät;
- die Martini-und-Schlagsahne-Diät;
- die kaufreie Diät (nicht direkt eine Monodiät, da Sie abwechseln können, solange Sie nichts essen, was gekaut werden muß; aber monoman!);
- die Grapefruit-Diät;
- die Tiefgekühlte-Weintrauben-Diät;
- die Kohlsuppen-Diät.

Wir behaupten nicht, daß Ihnen die Monodiät guttut – wir behaupten nicht, daß Ihnen irgendeiner unserer Vorschläge guttut –, aber sie scheint zu helfen. Gesetzt den Fall, Sie wählen etwas mehr oder minder Gesundes für Ihre Monodiät – zum Beispiel Kohlsuppe –, dann ist sie einigermaßen bekömmlich. Andererseits können Sie genausogut etwas nehmen, das Ihnen schmeckt. Dann kommt Ihnen die Kur nicht gleich, sondern erst nach 20 oder 30 Mahlzeiten wie eine Geißel vor. Eine der dünnsten Frauen aus unserem Kreis hatte sich zu einer strengen Monodiät aus selbstgemachtem Gebäck aus Schokoladenraspeln entschlossen und war damit sehr zufrieden. Ab und zu aß sie Salate. Wenn sie in ein Restaurant ging, bestellte sie etwas anders als Schokoladen-Gebäck, aber sonst aß sie eben nichts anderes. Sie hat unglaublich abgenommen. Das klingt unwahrscheinlich? Betrachten Sie es aus mathematischer Sicht. Ein Stück Schokoladen-Gebäck hat ungefähr 250 Kalorien. Wie viele würden Sie auf einmal essen? Vier? Sechs? Anders gesagt: Wenn Sie nichts anderes als ein paar davon essen, dann hätten Sie bald das Interesse daran verloren. Kann sein, daß Sie am Anfang übertreiben, aber dann wird Ihr Appetit allmählich normal, und Sie essen immer weniger, bis Ihre Kalorienaufnahme schließlich nach Wunsch verläuft.

Besser wäre eine Monodiät aus etwas weniger Kalorienhaltigem als Kuchen – fettarmer Joghurt vielleicht, ganz normaler Joghurt oder Truthahnbrust. Wenn Sie eine Monodiät machen wollen, müssen Sie vor Ihrem logischen Denken kapitulieren: Denn dies ist keine ausgewogene Ernährung, liebe Leute, sondern eine eigentümliche, extreme Form von Diät. Versuchen Sie jetzt nicht, sich das schönzureden. Wenn Sie eine Monodiät machen wollen, dann vergessen Sie nicht: 1) Vitaminpräparate zu nehmen, denn wenn Ihre Bekannten sich kritisch äußern (und das werden sie), können Sie ihnen versichern, daß Sie Vitaminpräparate nehmen; 2) bei dieser einen Monodiät zu bleiben, weil Sie sonst zunehmen (Sie können, anders ausgedrückt, nicht zum Frühstück eine Würstchen-Monodiät machen, eine Kekse-Monodiät zum

Mittagessen und abends eine Steak-Monodiät; man könnte dies auch als abscheuliche Freßsucht bezeichnen, die den Zweck völlig verfehlt!); 3) immer ein Ziel im Auge zu behalten, zum Beispiel: »Ich nehme mir vor, einen Monat lang eine Monodiät mit Krabben zu machen« oder »Den ganzen August lang werde ich nur Pralinen essen«. Denn Sie werden nur am Ball bleiben, wenn Sie genau wissen, daß es nicht ewig dauert. Außerdem hilft es Ihnen dabei, Leute abzuwehren, die Ihnen unbedingt etwas anderes zu essen aufschwatzen wollen, wenn Sie erklären, Ihre Diät dauert nur noch drei Tage oder Wochen oder wie lang auch immer.

JO-JO-DIÄTEN

Wenn jemand zu Ihnen sagt, es sei eine Schnapsidee, eine Menge Geld zu verdienen, weil man es wieder verlieren könnte und es dann noch einmal verdienen müßte, würden Sie ihn für einen Spinner halten. Und wenn Sie jemand davor warnt, nicht zuviel abzunehmen, weil sie das gleiche Gewicht vielleicht wieder draufkriegen und dann noch einmal abnehmen müßten, würden Sie über ihn vermutlich dasselbe Urteil fällen. Alle Warnungen vor Jo-Jo-Diäten sind einfach blöd. Zunächst mal weiß man nie, ob die abgenommenen Pfunde für immer wegbleiben oder nur so lange, daß wir ein paarmal in das teure Abendkleid von Armani passen. Dabei ist es belanglos, ob wir durch die ernährungswissenschaftlich gesündesten Methoden oder unter Anwendung der abstrusesten Tricks aus diesem Buch abgenommen haben. Das bedeutet aber noch lange nicht, daß Sie nicht den Versuch unternehmen sollen, schlank zu werden! Zweitens ist die Wissenschaft auf unserer Seite: Zahlreiche Experten haben festgestellt, daß eine Schlankheitskur die verbleibenden Metabolismuswerte (die zum Überleben und für die physiologischen Funktionen notwendige Energie) nicht senkt. Wenn Sie weniger wiegen, ist Ihr Metabolismus natürlich niedriger, denn Sie haben weniger

Körpermasse, die Sie am Leben halten müssen und die funktionieren muß, aber die Diät bringt Ihr System auf Dauer nicht durcheinander. Es mag vielleicht frustrierend sein, wenn man ab- und wieder zunimmt, aber es birgt kein Risiko, außer daß Sie gezwungen sind, Kleiderschränke in verschiedener Größe anzuschaffen. Und drittens macht Jo-Jo Spaß!

Wieso wird Jo-Jo-Diäten dann nachgesagt, sie seien teuflisch? Na gut, manche Leute denken immer noch, daß sie schädlich sind. Aber sonst wird dieses Gerücht gewöhnlich von denen verbreitet, die (vielleicht) selber ein paar Pfunde verlieren müßten und (wiederum vielleicht) ein schlechtes Gewissen haben, wenn Sie mit Ihrer Diät angeben.

DAUERESSER

Manche Frauen glauben, »ausgewogene« Diät bedeute, das einzige Gleichgewicht bestehe zwischen der Dauer der Mahlzeiten und der Zeit, die man mit Gedanken daran verbringt, wann es wieder was zu essen gibt. Sie würden unseren Essensrhythmus als unerbittlich bezeichnen; sie glauben, daß genug nie genug ist; sie empfinden Abschiedsschmerz nur, wenn sich eine Mahlzeit ihrem Ende entgegenneigt. Kennen Sie den alten Spruch über chinesisches Essen – daß es wunderbar ist, man aber nach einer Viertelstunde wieder Hunger hat? Haben Sie dieses Gefühl auch bei amerikanischem/französischem/italienischem/japanischem/russischem/äthiopischem/indischem/kanadischem Essen?

Dann können Sie zwischen zwei Alternativen wählen: 1) dem Erwerb einer Zwangsjacke oder 2) Daueressen. Seit den 60er Jahren gibt es die Diät, bei der man im stündlichen Rhythmus ißt, und diese Diät ist wie so vieles andere aus den 60er Jahren (Hosen mit Schlag, Buddhismus) erneuerungsbedürftig. Die Theorie ist einfach: Wenn Sie gern ohne große Unterbrechungen essen, können Sie abnehmen, aber nur solange Sie zwar ständig, aber bescheiden essen. Sie können also keine normale Mahlzeit von 800 Kalorien und eine Viertelstunde später einen Imbiß von 200 Kalorien zu sich nehmen, ohne schließlich wie ein Ozeanriese daherzukommen. Sollten Sie sich andererseits so gut kennen, daß Sie um Ihr Bedürfnis, in regelmäßigen Abständen zu essen, wissen, dann teilen Sie sich den Tag entsprechend ein, und Sie werden dennoch abnehmen. Zunächst müssen Sie feststellen, wie viele Stunden Sie an einem ganz normalen Tag wach sind (gehen wir von 16 aus, was bedeutet, daß Sie um sieben Uhr aufwachen und um elf Uhr zu Bett gehen). Dann müssen Sie die Kalorienzahl bestimmen, die Sie sich bei Ihrem Vorhaben genehmigen (wir einigen uns auf 1.200). Wenn Sie diese Kalorien durch Ihre 16 Wachstunden dividieren, wissen Sie, daß Sie pro Stunde 75 Kalorien verspeisen dürfen, um locker im Rahmen Ihres Limits zu bleiben. Oder Sie schlafen eine Stunde länger, dann können sie sich 80 Kalorien leisten. Wenn Sie es ganz genau nehmen, können Sie auch ab und zu eine Zwischenmahlzeit streichen und sich dafür zwölfmal am Tag 100 Kalorien erlauben – und Sie nehmen dabei ab. Dabei müssen Sie nur eine einzige Regel beherzigen: Sie dürfen keine normalen Mahlzeiten, sondern nur Ihre stündlichen Rationen zu sich nehmen. Wenn Sie wirklich nicht ohne ein mahlzeitenähnliches Essen am Tag auskommen, können Sie immer noch einige Stundenrationen streichen und die gesparten Kalorien für ein Abendessen bunkern. (Zum Beispiel bleiben satte 300 Kalorien, wenn Sie Ihren Imbiß um fünf und den um sechs Uhr streichen.) Sie sehen, daß es gegen die kleinen Snacks zwischendurch nichts einzuwenden gibt – es sei denn, Sie nehmen statt dessen volle Mahlzeiten ein. Streichen Sie die Mahlzeiten, und Sie können wie verrückt essen. Wenn Sie sich für diese

Methode entscheiden, dann sollten Sie beim Fett und Kalorienzählen nicht zu pingelig sein. Zählen Sie bis 100, und vergessen Sie den Rest.

Klingt 100 Kalorien schäbig? Wir sagen nein und verweisen auf nachfolgende Liste mit Vorschlägen für 100 Kalorien. Wenn Sie immer noch der Meinung sind, daß 100 Kalorien schäbig klingt – tja, Sie machen schließlich eine Diät, vergessen Sie das nicht. Außerdem: Gedulden Sie sich noch 59 Minuten, und es wartet schon wieder eine 100-Kalorien-Schlemmerei auf Sie.

Snacks unter 100 Kalorien

- 5 Scheiben fettfreie geräucherte Würstchen
- 2 Eßlöffel Marmelade mit Süßstoff oder 16 Eßlöffel ungezuckerte Marmelade
- 50 kleine Radieschen
- 2 1/2 Tassen Mangold
- 1 Krebs
- 1 1/4 Tassen Salsa
- 8 bis 12 mittelgroße wilde Austern
- 5 mittelgroße rote Paprikaschoten ohne Stiele und Kerne
- 1 mittelgroße Mango
- 3 3/4 3-Pauly-Vollkorn-Knabber-Müsli-Kekse von neuform
- 3 1/4 Natura-Früchtewürfel mit Pflaumen
- 3 Reiswaffeln von byodo (mit Meersalz, die blaue Packung)
- ein knappes Dutzend Pfefferminzbonbons
- 1 weiche Riesenwaffel

KAUGUMMI

Zwar zählt Kaugummikauen zu den unansehnlichen Angewohnheiten, für eine Schlankheitskur ist es aber bestens geeignet. Erstens einmal ist es, während man Kaugummi kaut, so gut wie unmöglich, irgend etwas zu essen – das könnte höchstens ein wildes Tier. Und weil die Grundregel für das Abnehmen NICHTS ESSEN lautet, ist der Kaugummi Ihr Freund. Wir sprachen mit einigen Frauen, die behaupteten, daß Kaugummi hungrig mache – das übliche Argument der vermehrten Speichelbildung. Wenn Sie auch zu diesen Menschen gehören, dann lassen Sie das Kaugummikauen eben bleiben. (Sollten Sie es doch einmal tun, dann passen Sie auf, daß Sie den Kaugummi nicht verschlucken, denn im Magen könnte dickmachendes Essen daran klebenbleiben, und Sie werden es nie mehr los.) Wir als gewöhnliche Kaugummikauer müssen einige Punkte beachten:

- Bei einem der Mittagessen für Dünne erzählte uns eine Teilnehmerin, daß sie so etwas wie eine *Kaugummidiät* gemacht hat, die darin bestand, daß sie zum Mittagessen unbegrenzte Mengen Kaugummi kaute, bei den restlichen

Mahlzeiten jedoch wie gewohnt aß. Ihrer Meinung nach kann Kaugummi das Mittagessen leicht ersetzen, weil er gut schmeckt, den Mund in Gang hält, und bis man sich schmatzend durch eine Packung Kaugummi gekämpft hat, dürfte der Hunger vorbei sein. Klingt interessant.

- Wir stellten fest, daß ein heftiger Hungeranfall, vor allem am Abend, mit ein paar kleinen Kaugummis schnell vorbeigeht. Zumindest können Sie damit einen Imbiß hinausschieben – und hinausschieben bedeutet (oft), daß Sie letztendlich nichts mehr essen. Sehr gut.
- Eine Qual sind Leute im Kino, die unbedingt essen müssen und es Ihnen damit schwer machen, stark zu bleiben. Hier ist Kaugummi die beste Lösung. Denken Sie daran: Kaugummi schmeckt scheußlich, wenn man ihn mit geröstetem Popcorn mischt.

Beim Vergleich Kaugummi mit und ohne Zucker hegen wir gemischte Gefühle. Der Unterschied im Kaloriengehalt ist praktisch 0 – ein herkömmlicher Kaugummi ohne Zucker hat etwa 8 Kalorien und 2 g Kohlehydrate, ein Kaugummi mit Zucker 10 Kalorien und 2 g Kohlehydrate. Wenn Sie grundsätzlich keinen Zucker essen, dann bleiben Sie bei der Sorte ohne Zucker. Wenn Sie aber den Geschmack und den durch ein schlechtes Gewissen beeinträchtigten Genuß eines richtigen Kaugummis mit richtigem Zucker brauchen, dann ist das richtige Zeug auch nicht schädlich. Hat hier gerade jemand Karies gesagt? Das fällt wirklich nicht ins Gewicht. Außerdem: Während Sie die Füllung verpaßt bekommen, können Sie nichts essen. Susans Zahnarzt meinte einmal, daß jeder Kaugummi, ganz gleich ob mit oder ohne Zucker, den Zahnschmelz gleichermaßen angreift. Ihr eigener Zahnarzt kann durchaus anderer Meinung sein. Übrigens, wer sieht schon, ob Sie Karies haben?

NERVÖSES GEZAPPEL

Zwar gehört das nervöse Gezappel genauso wie Kaugummi zu den unansehnlichen und nervenden persönlichen Angewohnheiten; es hat sich jedoch als eine der besten Methoden für Gewichtsreduzierung herausgestellt. Nach Aussage von Dr. Susan Fried verbrennt nervöses Gezappel Kalorien. Sie meinte, daß es die Schlüsselfrage zu beantworten hilft, warum es einen Unterschied zwischen Dünnen und Dicken gibt, die gleich viel essen. Sie sagte, daß ein emsiger Zappler am Tag bis zu 500 Kalorien verbrennt. Sobald wir dies hörten, begannen wir, mit den Fingern auf dem Tisch zu trommeln, die Zehen zu bewegen, die Gesäßmuskeln anzuspannen und wieder zu lockern und auf dem Stuhl herumzuhampeln. Ein unglaubliches Benehmen für einen Erwachsenen ... aber 500 Kalorien! Das ist umgerechnet ein großer fettarmer Joghurt! Vielleicht sogar mit Nüssen – später haben wir gelesen, daß manche Leute sogar bis zu 800 Kalorien am Tag wegzappeln!

Auch hier stellt sich die Frage, »Wer war zuerst da, die Henne oder das Ei?« Sind von Natur aus Zappelige von Natur aus schlank wegen ihres verbrennungssüchtigen Metabolismus oder eher, weil sie sich dem Zappeln verschrieben haben? Sind sie also von Haus aus dünn, und zappeln sie nur zufällig? Oder können andauernd wiederholte, funktionsfreie Bewegungen tatsächlich genügend Kalorien vertilgen, daß sie von selbst schlank werden? Wir sehen die Sache ganz cool und zählen es zu den gesunden Sportarten, wenn jemand mit den Fingerknöcheln knackt. Auf jeden Fall baut das Gezappel, psychologisch gesehen, auf: Je mehr Sie herumzappeln, um so mehr kommen Sie sich vor wie jene Neurastheniker, die Kalorien wie ein Hochofen verbrennen. Betrachten Sie das Ganze mal aus der anderen Perspektive. Bei einem Mittagessen für Dünne meinte eine Freundin, für die Schlankheitskuren das Lebenselixier sind, sie sei ein sehr ruhiger, schwerfälliger Mensch, der Kalorien und Fett nur im Taille-bis-Knie-Stauraum sammelt, von wo das Eingelagerte nie mehr weicht. Oje.

Dann fühlen Sie sich doch lieber wie ein Supermotor auf Hochtouren, nicht wahr?

Als Laien mit eigener Zappelerfahrung schlagen wir Ihnen folgendes Übungsprogramm vor:

Die besten Tips

(beanspruchen unauffällig die wichtigsten Muskeln)

- Oberschenkelmuskulatur anspannen und wieder lockern.
- Großen Gesäßmuskel zusammenpressen und loslassen.
- Stellen Sie sich vor, Ihr Gürtel brennt und Sie müssen alles in Ihrer Macht Stehende tun, damit er den Bauch nicht berührt.

Anstrengende Tips

(beanspruchen wenige wichtige Muskeln, rufen aber jene Zeitgenossen auf den Plan, die Ihnen Ritalin verschreiben.

Doch vergessen Sie nicht: 500 Kalorien. 500 Kalorien. 500 Kalorien.)

- Mit den Zehen wippen.
- Die Fußgelenke kreisen lassen.
- Mit den Knien rauf und runter hippeln.
- Mit den Fingern trommeln.
- Mit dem Körper wie Seegras hin und her schwanken.

Vermutlich zwecklos

(aber spaßig)

- Sämtliche mit Kaugummi verbundenen Übungen einschließlich Blasenmachen, Schnalzen und den Kaugummi weit herausziehen.
- Grimassen schneiden.
- Mehrmals hintereinander Make-up auftragen.
- Armband abnehmen und wieder anlegen, so oft, bis Sie es verlieren.
- Servietten und anderes Papier in Schnipsel reißen, bis Sie der Kellner ungnädig anschaut.
- Auf dem Bleistift herumkauen.
- Mit der Nase schnüffeln.
- Zähneknirschen.

Zappeln mit System

(Resultat: Pullover mit Zöpfchenmuster)

- Stricken.

SCHLAFEN

Wissenschaftler haben immer noch nicht herausgefunden, warum wir schlafen, trotzdem tun wir es. Wir gönnen unserem Körper eine Pause vom Essen. Sonst könnten wir ja 24 Stunden am Tag zunehmen. Schlafen bedeutet natürlich nicht: im Bett essen. Nach unserer Definition ist Schlaf der Zustand, in dem Sie sich den Schokoladenkeks, der noch in der Küche liegt, nicht in den Mund stecken können, weil Sie im Traum einen noch köstlicheren verspeisen. Und gibt es eine köstlichere Erleichterung, als beim Aufwachen entzückt festzustellen, daß Sie keinen wirklichen, sondern nur einen 0-Kalorien-Schokoladenkeks aus dem Reich der Träume verputzt haben?

Schlaf ist nicht nur der größte Appetithemmer überhaupt, im Schlaf verbrennt man auch noch Kalorien – 60 pro Stunde. Das mag zwar nicht viel sein – bis zu 90 Kalorien kann man beim Fernsehen vernichten! –, aber es ist geringfügig mehr als die 50 Kalorien pro Stunde, die das Autofahren aufzehrt. (Wir möchten Ihnen nicht vorschlagen, daß Sie gleichzeitig schlafen und fahren sollen – obgleich es uns schwerfällt, wenn man bedenkt, daß man dabei zusammengerechnet 110 Kalorien pro Stunde verbrennt, während es beim Tischtennisspielen nur 40 mehr sind ... und Sie müssen weder den Spielstand verfolgen noch sich andauernd bücken und den Ball aufheben.)

Deswegen kann man im Schlaf mühelos eine begrenzte Menge an Gewicht verlieren, wenn man normal schläft. Die Frauen in Jacqueline Susanns *Valley of the Dolls* haben sich entschieden, sich mit Tabletten einige Wochen in Schlaf zu versetzen, um danach schlank aufzuwachen. Das Verfahren wurde als Schlafkur publik, und in der Schweiz haben es einige Frauen tatsächlich ausprobiert. Im Tierreich nennt man die Schlafkur Winterschlaf. Wir glauben übrigens, daß Dornröschen ihren Prinzen aus diesem Grund bekommen hat ... Das Gegenargument lautet, daß Ihre Muskeln im Schlaf höchstwahrscheinlich schwächer werden, und je weniger Muskeln Sie haben, um so schwächer ist Ihr Stoffwechsel. Außerdem sind Bären nicht gerade für ihre schlanke Statur bekannt.

Wie können Sie den Schlaf in Ihre Dienste stellen?

- Wenn Sie nachts gern schlemmen, versuchen Sie es damit: Gehen Sie zu Bett, bevor Sie mit dem Essen anfangen. Analog dazu erzählte uns bei den Mittagessen für Dünne eine Freundin, die sich vorzugsweise am Nachmittag mit Essen vollstopft, sie mache statt dessen ein Nickerchen.
- Wenn Sie sich schlaflos im Bett herumwälzen, vergessen Sie nicht, daß jede winzige Menge verbrauchte Energie zählt. Gehen Sie nachts mehrmals zur Toilette, das verschafft Bewegung. Aber machen Sie auf dem Weg dorthin keinen Abstecher in die Küche!

- Verschlafen Sie das Frühstück, die kleine Erfrischung während des Fluges und Ihren Mitternachtssnack. Aber verschlafen Sie Ihren Termin im Fitneßstudio nicht!
- Manche Frauen malen sich jeden Abend, wenn Sie zu Bett gehen, aus, sie wären sehr schlank. Uns bringt das nicht weiter. Wir bekommen davon Hunger.

REISEN

Lassen Sie uns mit einigen Definitionen des Begriffs Reisen beginnen:

- »Ferien machen« bedeutet, an irgendeinen hübschen, faszinierenden Ort zu fahren, wo man sich amüsieren will.
- »Einen Besuch machen« bedeutet, an irgendeinen Ort zu fahren, der hübsch und faszinierend sein kann, aber nicht sein muß, und in dem zufällig eine oder mehrere Personen, die Sie aufsuchen müssen, wohnen. Dabei kann es sich – muß aber nicht sein – um Ihre Eltern, Schwiegereltern, Blutsverwandte dritten Grades oder den Internats-Zimmerkameraden Ihres Mannes handeln.
- »Geschäftlich verreisen« heißt meistens, irgendwohin zu fahren, wo es höchstwahrscheinlich nicht hübsch, sondern vermutlich sogar langweilig ist, weil jemand, üblicherweise Ihr Chef, Sie dorthin beordert hat.

Um herauszufinden, ob Sie unterwegs schlank bleiben oder werden können, müssen Sie genau unterscheiden, ob Sie in die Ferien fahren, jemanden besuchen oder eine Geschäftsreise machen. Wir können Ihnen versichern, daß jeweils völlig unterschiedliche Verhaltensregeln gelten. Hier finden Sie jedoch einige allgemeingültige:

- *Versuchen Sie, in ein Entwicklungsland zu fahren oder in ein Land mit dem Nationalgericht »Bakterien«.* Für die meisten bedeutet dies garantiert, mal eben schnell 7 ½ Pfund zu verlieren. (Eingedenk dieser Tatsache haben wir erwogen, in Flaschen abgefülltes Wasser evtl. aus Indien oder Mexiko unter der Bezeichnung »Montezumas Rache ...« zu vermarkten.)
- *Bestellen Sie beim Kauf Ihres Flugtickets ein kalorien- und fettarmes Essen.* Normalerweise schmeckt das schrecklich, aber auch das normale Essen schmeckt nicht besser, und auf diese Weise haben Sie wenigstens das heroische Gefühl, sich diätkonform zu verhalten.
- *Vor einer Übernachtung im Hotel sollten Sie sich telefonisch erkundigen, ob Ihr Zimmer eine Minibar hat.* Wenn ja, dann sehen Sie zu, daß Sie ein Zimmer ohne Minibar bekommen bzw. daß deren Inhalt vor Ihrer Ankunft entfernt wird. Seien Sie nicht schüchtern. Wenn Sie Schwierigkeiten an der Rezeption haben, denken Sie immer daran: Es ist ja nur der Rezeptionist. Außerdem haben uns Rezeptionisten bestätigt, daß Reisende häufig diesen Wunsch äußern. Sie brauchen also nicht zu befürchten, daß Sie als Querkopf dastehen, nur weil Sie ein Zimmer ohne Minibar wünschen. Sollten Sie sich immer noch nicht trauen, dann sagen Sie einfach: »Ich bin allergisch und darf keine Nahrungsmittel in meinem Zimmer haben. Bitte sorgen Sie dafür, daß keine Minibar dort ist. Ich kann Sie von meinem Arzt anrufen lassen, falls dies notwendig

sein sollte.« Bestimmt wird niemand auf einen Anruf Ihres Arztes Wert legen. Oder lassen Sie Ihr Reisebüro anrufen und sagen, daß Sie keine Minibar möchten; dafür sind Reisebüros schließlich da. Wenn bei Ihrer Ankunft dennoch eine Minibar im Zimmer ist, lassen Sie sich ein anderes Zimmer geben. Stellen Sie Ihr Gepäck gar nicht erst ab, und verscheuchen Sie den Hoteldiener nicht, denn im Hotel sieht man es nicht gern, wenn jemand aus dem ihm zugewiesenen Zimmer noch einmal umzieht. Sagen Sie dem Hoteldiener, er möge Ihre Koffer nicht abstellen, telefonieren Sie mit der Rezeption, und verlangen Sie ein anderes Zimmer. Wenn Ihr Zimmer eine verschließbare Minibar hat, nehmen Sie den Schlüssel nicht an. Wenn Sie den Inhalt der Minibar ohne weiteres verzehren können und das für Ihre Linie kein Problem darstellt, dann ignorieren Sie das oben Gesagte.

- *Haben Sie keine Angst vor Fast food.* Das hat nichts mit Ästhetik zu tun. Nur bietet manchmal, ob Sie es glauben oder nicht, auf Reisen ein Schnellimbiß am ehesten Aussicht auf ein wenig gehaltvolles Essen. Fast food ist vor allem eines nicht: riesig portioniert. Und Fast-food-Restaurants sind gewöhnlich auf dem Stand der ernährungswissenschaftlichen Erkenntnis (oder schlagen Sie nach bei »Fast-food-Restaurants«). Auf lange Sicht ist ein labbriger McChicken im McDonald's besser als ein hausgemachter Speck-und-Kartoffel-Eintopf mit unbekanntem Fett- und Kaloriengehalt, der Ihnen noch nach einer Woche im Magen liegt.
- *Wenn die Verpflegung an Ihrem Reiseziel unsicher bzw. unvorhersehbar ist, empfiehlt es sich, ein paar eßbare Klei-*

nigkeiten für eventuelle Engpässe in den Koffer zu werfen. Es gibt zum Beispiel nirgends in Osteuropa ein fettarmes Mittagessen. Verzichten Sie also darauf, essen Sie statt dessen eine Scheibe getrocknetes Truthahnfleisch oder einen Müsli-Riegel (Vorsicht, haben oft eine ganze Menge Kalorien!), und machen Sie einen Einkaufsbummel, während die anderen essen.

Ferien machen

Wenn Ihre Ferienreise Sie an einen Ort führt, an dem in reizenden Restaurants fabelhaftes Essen angeboten wird – wie zum Beispiel in Paris oder Siena oder Marrakesch –, dann kann Ihre Diät vielleicht warten. Es wird Sie schon nicht umbringen, wenn Sie zehn Tage lang bei allem herzhaft zugreifen. Über den Daumen gepeilt kann man sagen, daß man nach der Reise in einem entsprechenden Zeitraum ungefähr genausoviel wieder abnimmt, wie man zugenommen hat, allein durch die Rückkehr zu normalen Eßgewohnheiten. Vier Schlemmertage in der Toskana? Essen Sie vier Tage lang daheim wie ein zivilisierter Mitteleuropäer, und der Schaden ist meist behoben. Wenn Sie einen Monat lang verreisen, ist Vorsicht am Platze, am besten sollten Sie dann alle in diesem Buch besprochenen Methoden anwenden. Unter zwei Wochen? Flippen Sie nicht völlig aus – Sie brauchen ja zum Beipsiel das Olivenöl nicht gleich aus der Flasche zu trinken –, und machen Sie sich nicht verrückt, wenn Sie ein bißchen mehr als sonst essen. Lieber Gott, schließlich sind Sie im Urlaub.

Ist Ihr Urlaubsort bekannt für seine Feinschmeckerlokale, und besteht Ihr Ferienerlebnis zum Teil aus Essen, dann sollten Sie tagsüber diszipliniert sein und sich erst beim Abendessen nach Herzenslust vollessen. Wenn Sie in Paris in ein Vier-Sterne-Restaurant gehen, zögern Sie nicht, und genießen Sie etwas außergewöhnlich Feines. Am nächsten Morgen müssen sie den neuen Tag ja nicht auch noch mit vier Croissants begrüßen. Da tut es ein trockenes Baguette auch. Oder am besten gar nichts. Oder Sie gehen in eine dieser extrem teuren, raffinierten und geheimnisumwitterten französischen Apotheken und kaufen sich eine Flasche Schlankheitsspray, die Aerosol-Version des Appetithemmers. Nach unseren Erfahrungen hilft es eigentlich nicht, aber es schmeckt so scheußlich, daß Sie danach garantiert nichts mehr essen wollen.

Ganz anders sieht es aus, wenn Sie irgendwo Urlaub machen, wo das Essen so lala ist. Fahren Sie in die Karibik, um schön braun zu werden, amüsieren Sie sich, aber fressen Sie sich nicht voll, bloß weil Sie im Urlaub sind. Gehen Sie nicht zum Fühstücksbuffet. In der südlichen Hemisphäre eignet sich die Butter nicht als Eiweißersatz. Beim Abendessen im Hotel bestellen Sie sich lieber keine Nachspeise: Sie ist nie besonders gut, immer riesig, und Sie sind am nächsten Morgen wütend auf sich selbst. Wenn Sie im Urlaub fett werden, dann tun Sie es wenigstens in einem Land wie Italien, wo sich der Aufwand lohnt. Wer durch die Hotelküche in Acapulco fett wird, ist einfach dumm. Bildet das Abendessen aber die große, rituelle Zusammenkunft des Tages, dann empfehlen wir, das Frühstück wegzulassen und zu Mittag nur etwas Leichtes zu bestellen, wie zum Beispiel Krabben-Cocktail (in jedem Hotel auf der Erde gibt es Krabben-Cocktail).

Einen Besuch machen

Die Schwiegereltern sind wieder einmal dran oder vielleicht die beste Freundin aus dem Internat oder auf der Durchreise die Großtante Anna. Au weia! Wenn Sie es so drehen können, dann übernachten Sie nicht bei ihnen daheim, sondern gehen Sie ins Hotel: Dort gibt es weniger Essen drum herum und weniger Gefahr, daß Sie jemand zum Essen nötigt. Wenn Sie schon bei jemandem zu Hause wohnen, dann bleiben Sie morgens lange im Bett, um sich um das Frühstück zu drücken. Erklären Sie, daß Sie 14 Stunden Schlaf brauchen (Sie können ja in Ihrem Zimmer bleiben und lesen) – sonst beginnt Ihr Tag unweigerlich mit 14 Bagels, Rahmkäse und Kuchen, und Sie würden sich deswegen am liebsten erschießen. Später könnten Sie vorschlagen, daß Sie Ihre Gastgeber zum Abendessen einladen oder, noch besser, daß Sie das Kochen als »Gastgeschenk« übernehmen. Zaubern Sie etwas Schlankes und Rankes, wie zum Beispiel Hühnchenbrust mit grünen Bohnen und als Nachspeise fettfreien Joghurt; oder schnappen Sie sich ein Branchenbuch, und suchen Sie ein nicht zu teures Feinschmeckerlokal aus. Sagen Sie Ihren Gastgebern, daß Sie sich wohler fühlen, wenn Sie etwas zum Haushalt beitragen können. Schlagen alle Versuche fehl, dann tun Sie während des ganzen Besuches so, als ob Sie Vegetarierin wären oder allergisch gegen Weizen; damit können Sie von vornherein einen hohen Prozentsatz von all dem Essen ausschließen, mit dem man Sie vollstopfen möchte. Haben Sie kein schlechtes Gewissen: Sie helfen Ihrem Gastgeber nur Geld sparen.

Geschäftlich verreisen

In mancherlei Hinsicht können Sie auf Geschäftsreisen am einfachsten auf Ihre Linie achten. Erstens sind Sie unabhängig. Niemand ist beleidigt, wenn Sie die Sahnetorte ablehnen, und es wird Ihnen niemand übelnehmen, wenn Sie die Abendesseneinladung inklusive Foie gras und reichhaltiger Käseplatte ablehnen. Geschäftsessen dagegen sind manchmal heikel; aber Sie können auch Hühnchen bestellen, und wenn alle unter Alkohol stehen, wird niemand bemerken, daß Sie neun Zehntel Ihrer Mahlzeit haben zurückgehen lassen. Sollten Sie in Ihrem Hotel speisen, vergessen Sie nicht: Bloß weil sie sich einsam, gelangweilt, müde und fern der Heimat fühlen, haben Sie noch keinen Grund, sich die Platte mit fritierten Meeresfrüchten und dazu Kartoffelpüree mit Butter zu bestellen. Jedenfalls sollten Sie sich, wenn Sie jeden Abend im Hotel essen, mit der Bedienung anfreunden und ihm oder ihr Bescheid sagen, daß Sie versuchen, ganz einfach zu essen. Gewöhnlich steht man Ihnen zur Seite und stellt Ihnen, wenn Sie liebenswürdig sind, auf Wunsch etwas Kleines zusammen. Übrigens empfehlen wir Ihnen, im Hotel zu essen. Wenn Sie sich in die Welt der Restaurants hinauswagen, wird man nicht so individuell auf Ihre Wünsche eingehen. Geschäftsreisen führen Sie oft an Orte, in denen es kein besonderes Essen gibt, und das Hotel liegt fast immer in einer langweiligen Gegend – warum sollten Sie also ausgehen? Benutzen Sie statt dessen die hoteleigenen Sportanlagen, bestellen Sie zum Abendessen ein Omelett aus Eiklar und gehen dann in Ihr Zimmer zum Fernsehen. In Kleinstädten, oder wo auch immer wenig Wert auf Schlankheit gelegt wird, sollten Sie, um sicherzugehen, den Anfang dieses Kapitels zu Rate ziehen. Denn unter Umständen ist das am besten geeignete Mittagessen ein Hühnchen-Salat bei McDonald's. Sie können auch in ein Lebensmittelgeschäft gehen und sich kleingeschnittenes Gemüse, Wasa Crisps oder Truthahnbrust kaufen. Nein, Spaß macht es nicht, sich so zu ernähren, aber es ist weniger schlimm, als wenn man ein riesiges, üppiges Mittagessen vertilgt hat, obwohl man eigentlich nur einen kleinen Happen essen wollte.

Eine andere Möglichkeit wäre, sich nur auf Geschäftsreisen nach Ländern mit miesem Essen schicken zu lassen – wie zum Beispiel nach England, Schottland, Ruanda, in den Sudan oder in die Antarktis. Wenn nötig, verankern Sie in Ihrem Arbeitsvertrag, daß Sie sich weigern, Geschäftsreisen in Länder mit Drei- oder Vier-Sterne-Restaurants anzutreten.

WELTRAUMTOURISMUS

Diese Art zu reisen macht Sie garantiert nicht dick. Ganz im Gegenteil, dabei nimmt man mit Sicherheit fast immer ab. Tatsache ist, daß Sie während Ihres Aufenthalts im Weltraum gewichts*los* sind. Selbst ohne die Wirkung einer schwerelosen Umgebung haben Sie weniger Hunger und Durst, Ihr Stoffwechsel verändert sich, und wenn Sie Glück haben, werden Sie sogar raumkrank. Natürlich verlieren Sie nur Muskeln, Knochen und Wasser, leider kein Fett. Aber wenn Sie zur Erde zurückkehren, hängen Ihre Klamotten richtig schlabberig an Ihnen herum. Übrigens haben ca. 30 g flüssiger Tang (bedingt durch die Mischung) einen Wert von 86 Kalorien. Und sagen Sie ehrlich, wieviel von dem Zeug würden Sie freiwillig trinken?

GRUSELIGE UND SONSTIGE KINOFILME

Haben Sie schon bemerkt, daß Ihr Herz rast, wenn Sie einen spannenden Film anschauen, Ihre Handflächen feucht werden, ihre Haare sich sträuben, Ihr Atem flacher wird – mit anderen Worten, Ihre physische Reaktion genau wie beim Sport ist? Kann man daraus nicht die logische Folgerung ziehen, daß Sie, genau wie beim Sport, durch die Anspannung und die daraus resultierende Erschöpfung während des Films Kalorien verbrennen? Und folgt daraus nicht ebenso, daß sich, wenn Sie gerade abnehmen wollen und günstige Gelegenheiten dafür suchen, ein Kinobesuch mit einem spannenden Film geradezu anbietet? Selbst wenn Sie dabei nur eine Handvoll Kalorien verbrennen?

Wir sind durchaus dieser Meinung, und wir baten unsere Diätberaterin, Dr. Susan Fried, dies zu bestätigen oder uns zu widersprechen. Sie meinte, das sei sicherlich nicht die erfolgversprechendste Art und Weise, Gewicht zu verlieren. Aber wenn man bei einem Reißer vor Aufregung gebeutelt werde, verbrauche man gewiß einiges an Energie. Nicht eben viele Kalorien, aber mindestens eine oder zwei, und wenn man genau rechnet, zählt jede einzelne Kalorie.

Ein weiterer Vorteil: Wenn der Film entsprechend spannend (oder traurig oder blutig) ist, verschlägt er Ihnen für einige Stunden den Appetit, so daß dadurch noch mehr Kalorien eingespart werden.

Andererseits können weniger spannende Filme tückisch sein, weil die Werbung einem das Wasser im Mund zusammenlaufen läßt. Gummibärchen sehen heißt Gummibärchen naschen. Gummibärchen bei hoher Bildauflösung auf Breitwand bedeutet: noch mehr Gummibärchen essen (130 Kalorien auf 18 Bärchen). Außerdem sind wir davon überzeugt, daß schon in die Vorschau unterschwellig schädliche Botschaften eingestreut sind, aufgrund derer Sie im Filmtheater den Zwang zum Kauf teurer Schokolade verspüren. Oder denken Sie an das Eis!

Wenn wir schon über Schädliches sprechen, so ist es für ein menschliches Wesen unmöglich, Popcorn zu riechen, ohne sich eine Handvoll zu kaufen (Grundsatz 1 der Aroma-Therapie). Nein, nicht nur eine Handvoll. Denn das Angebot ist so günstig (Sie sollten günstige Angebote bei Nahrungsmitteln *immer* meiden – siehe »Gratisessen«), daß Sie natürlich die größte Packung gewählt haben – eine Riesenportion, die in einem Eimer daherkommt, in dem eine fünfköpfige Familie Platz hätte. Aber Sie haben ja die Ausrede, daß Sie das Popcorn nicht allein essen, sondern teilen, so daß die Kalorien nicht ins Gewicht fallen. Entgegen der allgemeinen Annahme ist Popcorn durchaus nicht kalorienfrei, besonders nicht die Art Popcorn, die man im Kino kaufen kann, die zwar nicht mit Butter garniert, aber in Kokos- und/oder Palmöl getunkt ist – und damit noch fetthaltiger. Popcorn ohne Butter entspricht 54 bis 58 Kalorien pro Tasse; für die

Butter können Sie noch so zwischen 5 und 28 Kalorien dazurechnen. Und vergessen Sie nicht, daß die kleinste im Kino angebotene Menge Popcorn mindestens drei Tassen ausmacht. Darüber hinaus ist der Quotient an Kalorien pro Minute bei Popcorn sehr groß, nämlich 52 (siehe »Kalorien pro Minute«).

Ganz offensichtlich muß man dieser Unsitte Einhalt gebieten. Aber wie? So:

- Wenn Sie unbedingt Popcorn kaufen müssen, dann stellen Sie es zu Ihren Füßen auf den Boden, so daß es jemand aus Versehen umstößt.
- Wenn Sie ins Kino gehen, dann immer in Verbindung mit einem Rendezvous. Schließlich ist es zu peinlich, sich in Gegenwart eines Menschen vollzufressen, den man später küßt.
- Kaufen Sie Bonbons nie einzeln nach Wahl. Es ist wissenschaftlich erwiesen, daß Sie Ihre Tüte dann randvoll machen, bis sie kurz vor dem Platzen ist.
- Wenn Bonbons, dann irgendwas Klebriges. Die bleiben in den Zähnen hängen, und Sie können nicht so viele essen.
- Nehmen Sie ins Kino kein Geld mit (zahlen Sie den Eintritt mit Kreditkarte), und gehen Sie hinterher nicht noch »eine Kleinigkeit« essen.
- Gehen Sie nie hungrig ins Kino.
- Schauen Sie sich nie einen Film an, der auch nur im entferntesten etwas mit Essen zu tun hat. Bis der Bundestag endlich eine Resolution über ein Bewertungssystem für Filme verabschiedet, in denen zahlende Gäste fett werden, nennen wir Ihnen eine Auswahl dieser ganz besonderen

Streifen, die es absolut zu vermeiden gilt: *Babettes Fest, Eat Man Drink Woman, Big Night, Tom Jones, Grüne Tomaten, Das große Fressen, Die grüne Papaya, Kentucky Fried Movie* und natürlich alle italienischen Filme.

- Wenn Sie einen Hunger auslösenden Film anschauen müssen, dann warten Sie zumindest so lange, bis Sie entweder eine Magen-Darm-Grippe haben oder einen Kater oder in den ersten drei Monaten schwanger sind.
- Wenn all dies nichts hilft, besuchen Sie zwei Filme hintereinander; achten Sie darauf, daß der zweite der gruseligste oder spannendste Film aller Zeiten ist.

FRIEREN

Wenn spannende Filme nur ein paar Kalorien verbrennen, wie steht es dann mit dem Frieren? Aus informierten Kreisen war zu erfahren, daß es bei wirklich diätbewußten Mädchen durchaus üblich ist, sich im knappen Kleidchen in den eisigen Winter hinauszuwagen, in der Annahme, daß man, wenn man vor Kälte zittert, abnimmt. Was die Gültigkeit dieser Aussage betrifft, können wir aufgrund unserer eigenen Entdeckungen folgendes anführen: Es ist zweifelsohne für die Figur geringfügig förderlich, wenn man vor Kälte zittert, aber den gleichen Effekt hat ein Ventilator oder eine Klimaanlage. Es scheint, als ob sich Ihr Körper, wenn er kaltem Wetter ausgesetzt ist, mehr anstrengen muß, um die Wärme zu halten, was wiederum den Stoffwechsel anregt ... aber eben nur ein ganz klein wenig. Werfen Sie also die Prospekte für die Sibirienreise weg, und ziehen Sie sich etwas Gescheites an.

Und was hat es damit auf sich, daß Eiswasser Kalorien verbrennt? Wir fanden keinen einzigen Arzt, der dies bestätigt hätte (obgleich wir herausfanden, daß heißes Wasser mehr wiegt als kaltes). Leider.

FRÜHSTÜCK

Sicherlich wissen Sie, wie die meisten Schlankheitskuren beginnen: mit dem alten Diät-Spruch »Du sollst nie, nie, nie das Frühstück streichen!« Das ist blanker Unsinn. Am Frühstück ist nichts auszusetzen. Das ganze Gerede über Blutzucker, Insulinwerte, Neurochemie und Stoffwechsel ist ebenfalls Blödsinn. Wenn Sie hungrig aufwachen, essen Sie etwas, wenn Sie aufwachen und nicht hungrig sind, dann essen Sie eben nichts. So einfach ist das!

Eine Ernährungswissenschaftlerin vom Mount-Sinai-Krankenhaus – dort wird besonders vor dem fehlenden Frühstück gewarnt – wurde unlängst zitiert, man könne mit dem Essen warten, bis man wirklich Hunger habe, ohne daß dies schlimme Folgen hätte. Und dann fügte Sie etwas hinzu, was wir schon lange argwöhnten: Bei manchen löst das Frühstück den Appetit erst richtig aus und führt dazu, daß sie sich den ganzen Tag lang überessen.

Wenn Sie das Frühstück ausfallen lassen, sollten Sie jedoch daran denken, zu irgendeinem späteren Zeitpunkt etwas zu sich zu nehmen, bevor Sie einen solchen Bärenhunger bekommen, daß Sie etwas Blödes essen. Ansonsten können Sie froh sein, weil Sie ohne Frühstück 1) einen Berg Kalorien einsparen, 2) Zeit sparen, 3) mindestens ungefähr

18 Minuten länger schlafen können und 4) sich Ihren zahnpastafrischen Atem viel länger erhalten als jemand, der gefrühstückt hat.

Übrigens glauben viele, die daran gewöhnt sind, zu frühstücken, daß sie vor Hunger umfallen würden, wenn sie darauf verzichten müßten. Viele dieser Leute haben nie versucht, das Frühstück auszulassen. Wenn Sie also abnehmen müssen, werden Sie höchstwahrscheinlich nicht wegen Unterernährung umkippen, wenn Sie nach dem Aufwachen nur eine Tasse Kaffee trinken und bis zum Mittagessen gar nichts essen. Wenn Sie wirklich zu denen gehören, die halb verhungert aufwachen, dann tun Sie, was Sie nicht lassen können. Aber wenn Sie nur aus Gewohnheit frühstücken, dann versuchen Sie, einige Tage darauf zu verzichten und abzuwarten, was passiert. Wenn Sie nicht gleich nach dem Aufwachen essen, sondern bis zum späten Vormittag warten, dann werden Sie, weil Sie schon geschäftiger sind, weniger essen. Wenn Sie immer noch auf Ihrem Frühstück bestehen, dann seien Sie wenigstens vorsichtig. Eine Reihe typischer Frühstücksgebräuche sieht harmlos aus, ist es aber nicht. Ein perfektes Beispiel: Zerealien.

Wenn man sich genau an die im »Servier-Vorschlag« genannte Menge hält, sind viele dieser wertvollen Getreideflocken zwar fettfrei, enthalten aber ungefähr 110 Kalorien. Ein normaler Mensch ißt jedoch viel größere Mengen, da führt kein Weg dran vorbei. Eine dreiviertel Tasse Cornflakes? Wollen die uns auf den Arm nehmen? Eine normale Frühstücksschüssel faßt nahezu zwei Tassen, und dabei bleibt es ja oft nicht.

Eigentlich kann man alle Arten von Frühstück mit

hohem Gehalt an Kohlehydraten mit dem chinesischen Essen vergleichen: Man wird eigentlich nie richtig satt, und nach einer Viertelstunde hat man schon wieder Hunger. Deswegen ist ein Frühstück mit Pfannkuchen, Vollkornwaffeln, Brötchen, Croissants, Toast oder Bagels eine schlechte Wahl. Die einzige Ausnahme sind Haferflocken, weil sie langsamer verdaulich sind als gewöhnliche Kohlehydrate, so daß man nicht so schnell wieder hungrig wird.

Protein zum Frühstück? Okay, wenn es nicht zu fetthaltig ist. Eiklar als Rührei zubereitet oder als Omelett, fettfreier Hüttenkäse (mit Süßstoff und Zimt bestäubt, verschafft er Ihnen die Illusion, daß Sie etwas wirklich Feines essen) oder auch ein fettarmer Joghurt eignen sich gut zum Frühstück. Und bevor Sie ein Schreckensgeheul anstimmen, überlegen Sie, ob Sie nicht auch etwas völlig Atypisches zum Frühstück essen sollten, wie zum Beispiel Truthahn oder Hühnchen oder Fisch. Das unterscheidet sich nicht wesentlich von Würstchen oder Speck oder einem Schinken-Omelett – was Sie natürlich gerade nicht essen sollen, weil sie das pure Fett sind, aber das beweist, daß ein herzhaftes Frühstück statt eines süßen keine Sünde wider die Natur ist. Vergessen Sie nicht – die Japaner essen täglich zum Frühstück Suppe und Fisch und sind gertenschlank.

DER BLICK AUF DIE WAAGE

Es gibt nichts, worüber in der Welt eifriger und heißer diskutiert wurde – ausgenommen vielleicht die Existenz Gottes –, als über die Frage, ob man sich während einer Schlankheitskur wiegen soll. Wir machten Umfragen bei den Teilnehmerinnen unserer Mittagessen für Dünne und kamen zu einer fast konstanten Aufteilung in gleich große Lager. Einige Frauen stellten sich etwa 50mal am Tag auf die Waage, alle anderen dagegen wogen sich nie und haben dies auch in den nächsten 50 Jahren nicht vor.

Tatsache ist, daß es keinen Mittelweg gibt. Die meisten seriösen Diätberater werden Ihnen raten, es mit dem Wiegen nicht zu übertreiben – einmal die Woche oder jeden zweiten Tag. Damit sind wir überhaupt nicht einverstanden. Das Gewicht ändert sich ständig. Wenn Sie sich gelegentlich wiegen, wie dies ein normaler Mensch tut, dann erhalten Sie keine Durchschnittswerte, sondern einen Zufallswert, der Auskunft darüber gibt, wieviel Sie gerade gegessen haben, wieviel Wasser Sie getrunken haben, ob Sie gerade Ihre Periode hatten oder nicht, wann Sie zum letzten Mal auf der Toilette waren, Informationen über die Tageszeit, die Schwerkraft im überhitzten inneren Erdkern usw. Wenn Sie einen ungünstigen Moment erwischen, kann das Ergebnis Sie stärker deprimieren als nötig. Wenn Sie aber Glück haben und sich zu einem ungewöhnlich günstigen Zeitpunkt wiegen, könnte Sie das mit falschem und gefährlichem Stolz erfüllen.

Was schließen wir daraus? Erstens, daß Sie sich für das eine oder andere Extrem entscheiden müssen: Wiegen Sie sich entweder regelmäßig oder nie. Wenn Sie für regelmäßig plädieren, dann machen Sie die Waage zu Ihrem Fetisch. Wiegen Sie sich nach dem Aufwachen, aber erst nachdem Sie gepinkelt haben; wiegen Sie sich vor und nach dem Sport, vor dem Abendessen und vor dem Zubettgehen. Es macht Spaß. An einem einzigen Tag kann Ihr Gewicht um mehrere Pfunde schwanken. Ungefähr im Laufe einer Woche werden Sie vermutlich so etwas wie eine Kurve mit regelmäßigen Ausschlägen nach oben oder unten erkennen, und entsprechend werden Sie gelaunt sein. Mag sein, daß Sie im Fall einer ungewöhnlich starken Aufwärts- oder Abwärtsveränderung einen Anfall bekommen, obwohl Sie wissen, daß, wenn Sie sich in ein paar Stunden erneut wiegen, das Pendel in die entgegengesetzte Richtung ausschlagen kann. Aber nach einigen Monaten Auf und Ab werden Sie so etwas wie eine Wiege-Weisheit entwickeln.

Eine unserer Freundinnen erzählte uns, sie wiege sich dreimal täglich auf drei verschiedenen Waagen – zu Hause, im Fitneßstudio und in der Arbeit. (In der Arbeit? Dieses Mädchen meint es ernst.) Wir sprechen unsere Hochachtung aus, aber nur dann, wenn sie die drei Waagen im Geist auseinanderhalten kann, denn soweit Sie und wir wissen, ist keine Waage gleich. Eine andere Mittagessen-Freundin berichtete, sie nehme auf Reisen immer ihre eigene Waage mit, auf diese Weise vermeide sie, auf unbekannte und unzuverlässige steigen zu müssen. (Reise-Tip: Geben Sie Ihre Waage als Reisegepäck auf, schleppen Sie sie nicht. Waagen sind schwer.) Eine weitere Freundin, die sich regelmäßig wiegt, erzählte, sie habe im Auto immer eine Waage auf dem Beifahrersitz, so daß sie, wann immer sie den Rappel kriegt, herausspringen kann, um sich zu wiegen. Dabei ist ihr aufgefallen, daß Sie an einem langen Tag, an dem sie ihre Einkäufe am Stadtrand erledigte, am meisten abgenommen hat. Wieder eine andere Wiegeenthusiastin sagte uns, sie stehe um sechs Uhr morgens auf, wiege sich, und wenn die Zahlen sie unglücklich machen, gehe sie noch einmal ins Bett, um sich nach anderthalb Stunden erneut zu wiegen. Sie schwört, auf diese Weise bis zu annähernd zwei Pfund zu »verlieren«. (Für Wiege-Freundinnen mit Verdauungsproblemen: Nach Auskunft einiger Ärzte können Sie etwa ein bis zweieinhalb Pfund von der Gewichtsanzeige abziehen, wenn Sie obstipiert sind.)

Wenn Sie sich wiegen, dann raten wir zu einer guten Waage. Am besten finden wir Digitalwaagen. Sprechende Waagen sind ein Horror und sollten gemieden werden; Waagen, die gespeichert haben, wieviel Sie beim letzten Mal gewogen haben, sind unnötig aufwendig und ein bißchen übertrieben. Es gibt übrigens Möglichkeiten, eine Waage auszutricksen – wenn Sie ganz schnell drauf- und gleich wieder herunterhüpfen, sich gegen die Wand lehnen, auf einem Bein stehen oder ein Kind bitten, sich statt Ihrer auf die Waage zu stellen. Aber denken Sie immer daran, daß Sie sich nur selbst betrügen.

Und nun die gegenteilige Ansicht. WIEGEN SIE SICH NIE, UNTER GAR KEINEN UMSTÄNDEN. Zufällig sind wir beide ehemalige unaufhörliche Wiegerinnen, haben aber unsere Meinung geändert und schwören nun allen Arten von Waagen völlig ab. Warum? Weil 1) das ständige Wiegen zuviel Zeit kostet und von anderen Aktivitäten wie zum Beispiel Arbeit, Haushalt, Fernsehen und Essen abhält und 2) oft nicht übereinstimmt, wieviel man wiegt und wie dick man sich wirklich fühlt. Man sollte sich aber entscheiden, was von beidem wichtiger ist. Anders ausgedrückt heißt das, Sie leben entweder nach der Gewichtsangabe auf der Waage oder danach, wie die Jeans sitzt, und wir haben uns dafür entschieden, daß für uns der Sitz der Jeans wichtiger ist. Für die Lebensversicherer gilt das natürlich nicht, aber wen kümmert das?

Wenn Ihr Arzt darauf besteht, daß Sie sich wiegen, dann weigern Sie sich, oder seien Sie standhaft, und sagen Sie der hämisch lächelnden Assistentin, daß Sie von ihr nichts hören wollen, schon gar nicht so etwas wie »Mein Gott, wenn das so weitergeht, werden Sie bis zum Jahresende 190 Pfund wiegen!« Wenn Sie Formulare mit Größe und Gewicht ausfüllen müssen, dann erfinden Sie einfach eine Zahl. Es kommt wirklich nicht darauf an, was Sie hinschreiben. Das einzige Mal, wo es wirklich wichtig ist, das ist, wenn Sie eine Narkose brauchen und die richtige Dosis bekommen müssen. Wenn Sie ein zu geringes Gewicht angeben, kann das bedeuten, daß Sie mitten während der Herz-Lungen-Transplantation aufwachen. Geben Sie ein zu hohes Gewicht an, kann es sein, daß Sie nie mehr aufwachen. Lassen Sie sich vom Anästhesisten wiegen, und bitten Sie ihn, das Ergebnis für sich zu behalten. Übrigens, denken Sie sich nichts dabei, wenn Sie sich genieren, weil Sie beim Arzt nicht gewogen werden oder das Gewicht nicht erfahren wollen. Das passiert Ärzten ständig. Und noch etwas: Wenn Sie vorhaben, mit einem kleinen einmotorigen Flugzeug zu fliegen, bei dem die maximale Anzahl der Passagiere (und folglich das Maximalgewicht) festgelegt ist, dann sollten Sie vielleicht überlegen, ob Sie nicht lieber mit dem Zug fahren.

Wenn man sich nicht auf die Waage stellt, bedeutet das nicht, daß man gegen jede Art von Gewichtskontrolle ist. Jede Frau, mit der wir uns unterhalten haben, hat ihre eigene Methode entwickelt, wobei die beliebteste der Sitz einer ganz bestimmten Hose ist. Wenn Sie auch nur einen Hauch von Ehrlichkeit besitzen, zeigt Ihnen eine eng oder weit sitzende lange Hose genau, wie es um Ihr Gewicht steht. Auch der Sitz des Ehe- oder eines anderen Rings ist eine Möglichkeit der Gewichtskontrolle, obgleich Wasser im Finger ganz schnell staut – auch wenn Sie abnehmen, kann Ihr Ring immer noch fest sitzen, falls Sie am Tag davor viel Salz gegessen haben. (Was nützt es auch, wenn man nur an den Fingern abnimmt? Schließlich enthüllt die Leggins die Teile Ihres Körpers, auf die es ankommt.) Schuhe, Kleidungsstücke mit mehr als 0,05 Prozent Lycra, Unterwäsche und Trainingsanzüge eignen sich nicht als Ersatz für die Waage. Wenn Sie sich für Jeans entscheiden, müssen Sie von vornherein festlegen, ob Sie für diesen Zweck jeweils die neueste Jeans nehmen, die Sie nie anziehen und nie waschen und die deswegen unverändert bleibt. Wenn Sie sich in der Jeans messen wollen, die Sie gerade anhaben, dann müssen Sie in Betracht ziehen, daß Jeans bei der Wäsche eingehen und sich wieder weiten, wenn man sie anhat. Eigentlich kommt es nicht so sehr auf die Test-Hose an, solange Sie konsequent sind. Wir meinen das ernst: Wenn Sie eine Jeans zwei Wochen lang tragen, ist sie eben viel weiter, als wenn man sie nur ein- oder zweimal anhat. Wenn Sie es ganz genau nehmen, können Sie auch die Jeans weglassen und Ihre Oberschenkel oder Waden messen, aber wenn Sie so weit gehen, könnten Sie sich genausogut wiegen. Übrigens werden Kleidungsstücke nicht von allein eng. Wenn Ihre Jeans plötzlich kürzer zu werden scheint, dann leider nicht, weil Sie in die Höhe wachsen, sondern weil Ihre Taille, Ihr Po und Ihre Hüften dicker werden und der Stoff nach oben rutscht.

EIN RESTAURANTBESUCH

Es gibt zwei Arten, ein Restaurant auszuwählen: Eine zielt auf große Essensmengen (»Oh, Liebling, das Brot gibt es gratis!«), die andere auf kleine (»Herr Ober, in meiner Suppe schwimmt eine Kalorie«). Natürlich erwarten wir von Ihnen keine absolute Verweigerung in einem Nahrungs-Etablissement, wir raten Ihnen jedoch, sich eher die zweite Art als Vorbild zu nehmen. Das heißt:

- *Essen Sie nie vorher etwas.* Manche tun das, weil sie glauben, dann im Restaurant weniger Hunger zu haben. Nach unseren Erfahrungen gibt es erst einen richtigen Anreiz zum Essen, wenn man schon ein klein wenig im Magen hat. Wir möchten uns dann viel schneller vollessen, als wenn wir hungrig angekommen wären.
- *Bestellen Sie niemals Vorspeise und Hauptgericht, es sei denn, Sie sind zum ersten Mal mit einem Mann aus, den Sie auch später wiedersehen wollen.* Männer mögen es, wenn Frauen essen, aber sie sollen nicht dick werden. Mit anderen Worten, Männer hängen der Illusion des gesunden Appetits nach. Dies kann man erreichen, indem man alles auf der Speisekarte Befindliche bestellt, aber nur

einen Bruchteil von dem, was auf dem Teller liegt, anrührt. (Glauben Sie uns, Männer sehen nur, was Sie bestellen, nicht, was Sie essen.)

- *Wenn Sie wirklich nichts essen wollen, sagen Sie, Sie waren gerade beim Zahnarzt.*
- *Benutzen Sie ja nicht die Ausrede, Sie hätten gerade etwas gegessen.* Damit stehen Sie da wie ein Rüpel, ein Idiot oder ein Lügner.
- *Je teurer das Restaurant, desto kleiner die Portionen.* Vermeiden Sie Restaurants, in denen Sie für einen bestimmten Preis soviel essen können, wie sie wollen.
- *Wenn Sie ein neues Restaurant ausprobieren wollen, dann gehen Sie mit einer Freundin, die gerade fastet.* Unter diesen Umständen wäre es Ihnen peinlich, Gerichte mit hohem Kalorienanteil zu bestellen, und es ist Ihr gutes Recht, den Kellner zu bitten, Ihnen statt Pommes mit Hüttenkäse gedünsteten Spinat zu bringen.
- *Genieren Sie sich nicht, dem Kellner genaue Anweisungen zu geben, wie Sie Ihr Essen zubereitet haben möchten.* Wenn Sie die Sauce extra haben möchten, sagen Sie dies, auch auf die Gefahr hin, daß der Kellner die Nase rümpft. Eine Tischgenossin bei unseren Mittagessen für Dünne brachte ihr eigenes Backspray ohne Fett mit ins Restaurant und bat den Koch, ihr Omelett damit statt mit Butter zu braten.
- *Ganz gleich, was Sie zum Kellner gesagt haben und was der Kellner zu Ihnen gesagt hat, Sie können davon ausgehen, daß überall Butter drauf ist, selbst auf dem Besteck.*
- *Essen Sie nie von anderer Leute Tellern, aber bieten Sie anderen an, von Ihrem Teller zu essen.*

- *Lassen Sie sich die Reste auf keinen Fall einpacken, es sei denn, Sie haben einen Hund.*
- *Wenn all dies nicht hilft, bestellen Sie sich gebratenes Hühnchen.* Schneiden Sie die Haut weg, und rühren Sie das Kartoffelpüree nicht an.
- *Und nicht vergessen: kein Brot!*

FAST-FOOD-RESTAURANTS

Würden Sie lieber ein hartgekochtes Ei, ein Glas Quellwasser und zur Nachspeise ein Multivitaminpräparat zu sich nehmen als ein paar Portionen Pommes und einen Milkshake? Wenn Sie mit Ja antworten, brauchen Sie dieses Buch nicht. Aber wenn Sie, wie uns eine Frau einmal erzählte, einen solchen Heißhunger auf Whoppers haben, daß Sie den Bürgermeister Ihrer Stadt anrufen, damit er mehr Genehmigungen für neue Burger-King-Restaurants in Ihrem Viertel erteilt, dann sollten Sie interessiert weiterlesen.

Fast food kann Ihre Arterien verkleben und Ihre Zähne ruinieren. Ja, leider. Jetzt zeigen wir es Ihnen aber richtig, nicht wahr? Das Gute an Fast food ist, daß Sie intelligent bestellen können. Wenn Sie in einem Schnellrestaurant gegessen haben, müssen Sie nicht als wandelnde Tonne herauskommen. Aber das ist noch nicht alles. Fast-food-Restaurants arbeiten wie Traktorfabriken in der staatlich gelenkten Wirtschaft der UdSSR, so daß Sie die gleichen Extra-leckeren-Hühnerkeulen im Kentucky-Fried-Chicken-Restaurant in Des Moines wie auch in Paris oder Berlin bekommen: gleiche Größe, gleicher Nährwert und gleicher Fettgehalt. Außerdem sind sämtliche wichtigen Informationen – Portionsgröße, Kalorien, Fettkalorien, Gesamtfett, gesättigtes Fett, Natrium, Protein und Kohlehydrate – irgendwo im Restaurant ausgehängt (na, dann suchen Sie mal).

Die wirkliche Gefahr der Schnellrestaurants liegt darin, daß sie schnell sind. (Zu den Gefahren der Eßgeschwindigkeit siehe die Kapitel »Geschwindigkeit« und »Kalorien pro Minute«). Schon wenige Sekunden nach der Bestellung können Sie soviel Eßbares in Händen halten, daß die Aussicht darauf, jemals wieder Shorts in der Öffentlichkeit zu tragen, auf einen Schlag zunichte gemacht ist. Wenn Sie fix sind, haben Sie schon alles aufgegessen, bevor der Angestellte den Betrag in die Kasse eingetippt hat. In teuren Restaurants zum Hinsetzen kann es auf der anderen Seite so sein, daß Sie die halbe Nacht warten, bevor Sie bedient werden. Aus diesem Grund ist der Gedanke nicht schlecht, sich an der längsten Schlange anzustellen, denn wenn Sie Glück haben, verlieren Sie die Geduld und verlassen das Restaurant, bevor Sie an der Reihe sind.

Oder Sie halten sich an die folgenden Regeln: Lassen Sie die Sauce weg. Entfernen Sie die Haut. Vergessen Sie alles Gebratene oder was irgendwie mit Brot zu tun hat. Meiden Sie Gerichte mit folgender Bezeichnung: Deluxe, Jumbo, kolossal, King, riesig und So-groß-wie-der-sich-ständig-ausdehnende-Kosmos. Kaufen Sie nie mehr als eine Portion auf einmal. Und kaufen Sie nichts mit den Worten »blau«, »bleu« oder »Speck«. Genießen Sie kalorienarme Gratis-Beigaben – Pickles, Senf, Ketchup, Pfeffer, Servietten. Essen Sie nie soviel, wie Sie tragen können.

FAST-FOOD-GERICHTE

Fast-food- und Imbißstand-Gerichte, die Sie in Deutschland verputzen können, wenn Sie wollen:

Apfeltasche (80 g) – 220 Kalorien (McDonald's)
Apfeltasche (115 g) – 320 Kalorien (Burger King)
Big Mäc (212 g) – 505 Kalorien (McDonald's)
Bockwurst (100 g) mit Brötchen, Senf – 440 Kalorien
Bratwurst (150 g) mit Brötchen, Senf – 692 Kalorien
Cheeseburger (117 g) – 303 Kalorien (McDonald's)
Cheeseburger (137 g) – 355 Kalorien (Burger King)
Chefsalat (160 g) – 149 Kalorien (McDonald's)
Chicken McNuggets 6er ohne Sauce (99 g) – 205 Kalorien (McDonald's)
Country Burger (177 g) – 383 Kalorien (Burger King)
Country Salat (201 g) – 48 Kalorien (Burger King)
Curry Sauce Dip Pot (20 g) – 113 Kalorien (Burger King)
Currywurst (150 g) mit Curryketchup (40 g) – 568 Kalorien
Donuts Choco/Crocant (50 g) – 198 Kalorien (Burger King)
Doppel Whopper mit Käse (384 g) – 940 Kalorien (Burger King)
Egg McMaffin (150 g) – 415 Kalorien (McDonald's)
Fischfilet, paniert (150 g) – 220 Kalorien

Fish King (178 g) – 426 Kalorien (Burger King)
French Dressing (75 g) – 205 Kalorien (Burger King)
Frikadelle (100 g) – 192 Kalorien
Gemüse Mäc (203 g) – 486 Kalorien (McDonald's)
Gyros-Sandwich mit Rohkostsalat – 699 Kalorien
Ham & Eggs (196 g) – 434 Kalorien (McDonald's)
Hamburger (103 g) – 254 Kalorien (McDonald's)
Hamburger (124 g) – 312 Kalorien (Burger King)
Kartoffelpuffer (100 g) – 335 Kalorien
Käsekuchen – 419 Kalorien
Ketchupbeutel (11 g) – 12 Kalorien (Burger King)
King Size Chicken (211 g) – 577 Kalorien (Burger King)
Leberkäse (150 g) mit Brötchen, Senf – 605 Kalorien
McChicken (178 g) – 459 Kalorien (McDonald's)
McRib (209 g) – 476 Kalorien (McDonald's)
Milkshake Schoko (240 g) – 304 Kalorien (McDonald's)
Orangensaft (0,25 l) – 102 Kalorien (McDonald's)
Pflaumenkuchen – 264 Kalorien
Pick'n Dip (6x) (93 g) – 199 Kalorien (Burger King)
Pizza Margherita (200 g) – 481 Kalorien
Pizza Salami (200 g) – 455 Kalorien
Pommes frites, mittelgroß (105 g) – 321 Kalorien (McDonald's)
Premium Salat (173 g) – 106 Kalorien (Burger King)
Rösti (57 g) – 147 Kalorien (McDonald's)
Salamibrötchen – 490 Kalorien
Schinkenhörnchen – 268 Kalorien
Shake Erdbeergeschmack (0,25 l) – 458 Kalorien (Burger King)
Softeis (85 g) – 119 Kalorien

Sundae Eis mit Schokosauce (150 g) – 279 Kalorien (McDonald's)
Whopper (274 g) – 624 Kalorien (Burger King)
Zwiebelkuchen – 683 Kalorien

COLA LIGHT

Sosehr wir uns auch anstrengen, es fällt uns einfach nichts Schlechtes über Cola light ein. Sie hat keine Kalorien, kein Fett, keine Kohlehydrate, kein Protein – sie ist ein perfekt ausgewogenes Non-Food! Vitamin DC, wie wir sie nennen, hat schon so manchem Schlankheitswilligen durch harte Zeiten geholfen. Sie macht auf eine gewisse Art satt, hat die belebende Wirkung des Koffeins und schmeckt so wie etwas, das man essen möchte, nicht essen *muß,* und – das ist vielleicht Vitamin DCs wertvollster Beitrag für die Diät-Welt – sie beschäftigt den Mund mit etwas anderem als Snickers oder Mars.

Kann der Dauerkonsum von Cola light Sie zu stark mit Aspartam belasten?

Mag sein, aber wenn Sie sich darüber Sorgen machen, dann ist es Ihnen nicht ernst mit dem Abnehmen. Solange Sie nicht im Brustton der Überzeugung sagen: »Ich glaube, Aspartam ist gesunde Ernährung«, ist es Ihnen nicht ernst mit dem Abnehmen.

Kann zu viel Cola light sich schädlich auf das Verhältnis Koffein/Rote Blutkörperchen auswirken?

Zuerst definieren Sie bitte den Begriff »schädlich«. Dann bemühen Sie Ihren gesunden Menschenverstand. Wenn Sie aus lauter Nervosität die Ecken an Ihrem Schreibtisch angeknabbert haben, dann sollten Sie einige Sechserpackungen weniger konsumieren.

P.S. Wir haben doch einen Denkfehler begangen. Wenn Sie einen Liter Cola light über die Tastatur Ihres Laptops schütten, *ist* sie schädlich. Immerhin werden Sie dann wiederum vor Aufregung abnehmen.

WAS TUN, WENN SIE AUS VERSEHEN EINE »ECHTE« STATT EINER COLA LIGHT GETRUNKEN HABEN?

Suchen Sie sofort Ihren Hausarzt auf.

(JETZT IM ERNST) WAS TUN, WENN SIE AUS VERSEHEN EINE »ECHTE« STATT EINER COLA LIGHT GETRUNKEN HABEN?

Vor allem: Beruhigen Sie sich. Es kann ja gut sein, daß Sie nur einen Schluck getrunken haben, bevor Sie entdeckt haben, welchen gravierenden Fehler Sie begehen. Dies bedeutet ungefähr fünf Kalorien, und das entspricht einem halben Pfefferminzbonbon. Aber lassen Sie uns das Schlimmste annehmen: Sie waren schrecklich durstig, haben einen Schluck genommen und gedacht: »Na so was, ich habe noch nie so eine leckere Cola getrunken – so belebend, so herrlich prickelnd vor Kohlensäure, so anregend, sicher ein großartiger Jahrgang!« Und dann haben Sie die ganze Dose die Kehle hinuntergejagt, die ganzen 340 Malz-Sirup-haltigen Gramm. Statt ungefähr 0 Kalorien (Cola light) zu sich zu nehmen, haben Sie 97 Kalorien (normales Cola) intus. Statt dessen hätten Sie gut zwei Dr.-Balke-classic-muesli-fruchtschnitten, 1/5 Bic Mac, eine Tasse Karamel-Popcorn, einen Maiskolben, 49 kleine Radieschen oder ein Paar Würstchen essen können.

Aber darum geht es ja nicht. Es geht um das Prinzip. Sie zählen 97 unerwünschte Kalorien mehr an diesem Tag, Kalorien, die Sie in dieser Form und in diesem Moment nicht hätten verschleudern wollen. Die Macht des Teufels hat Ihnen diese Kalorien eingeflößt. Und nun haben Sie ein paar Möglichkeiten. Entweder Sie werfen wehklagend die Arme gen Himmel und beschließen, daß Sie, wenn Sie schon 97 Kalorien verschluckt haben, genausogut auch 9 700 Kalorien schlucken können, und essen alles, was Sie im Haus finden, auf. Wir haben das gemacht. Sie haben aber auch die Möglichkeit, denjenigen zu schimpfen, der Ihnen den unseligen Trunk kredenzt hat, wer immer das auch sei. Sie können sogar mit dem Anwalt drohen. Um die Wirkung zu erhöhen, sagen Sie der Kellnerin/Gastgeberin/Stewardeß/ihrem Ehemann/Begleiter, daß Sie an Diabetes leiden. Auch das haben wir gemacht.

Sie können natürlich auch vernünftig reagieren, was wir gerade versuchen. Sie können sich einreden, daß 97 zusätzliche Kalorien an einem einzigen Tag keinen großen Schaden anrichten, wenn Sie SOFORT DAMIT AUFHÖREN. Außerdem ist es von viel größerer Bedeutung, wie Dr. Susan Fried uns sagte, auf die Kalorien zu achten, die man innerhalb einer Woche zu sich nimmt, als auf die innerhalb von 24 Stunden. So wie Ihr Scheckbuch nicht jeden Morgen auf 0 zurückgeht, fängt auch Ihr Körper nicht von Anfang an, nur weil Sie sich am Abend vorher schlafen gelegt haben. Im Vergleich zur Gesamtzahl an Kalorien während einer Woche sind 97 doch wirklich nur Peanuts … na ja, vielleicht nicht gerade Peanuts, sondern Selleriestangen.

Übrigens, auch wenn Sie sich wegen der 97 Kalorien am

Boden zerstört fühlen, versuchen Sie, die Angelegenheit für sich zu behalten. Der nette junge Mann, mit dem Sie sich zum ersten Mal treffen, wird nicht gleich vor Mitgefühl zerfließen, wenn Sie ihm erzählen, daß Ihr Leben wegen ein paar Tropfen echter Cola, mit denen Sie Ihren Körper soeben besudelt haben, rettungslos verloren ist.

FASTEN

In der Regel können Verrückte eine Menge über das Fasten erzählen. Sie behaupten, man kann damit Migräne, Asthma, Multiple Sklerose, eitrige Geschwüre, Arthritis, Heuschupfen, die ganz gewöhnliche Erkältung, Gonorrhöe, Prostatavergrößerung, Impotenz und Taubheit heilen sowie sich vor Insektenstichen schützen. In einem Buch haben wir sogar gelesen, daß man, wenn man an gefährlicher Unterernährung leidet und keine feste Nahrung zu sich nehmen kann (ah, unsere Herzen schlagen höher), durch Fasten *zunehmen* kann. Verfechter des Fastens zitieren Stellen aus der Bibel, dem Koran, aus den heiligen Texten von Buddhismus und Hinduismus und vermutlich auch aus Episoden von *Star Trek*, um ihre Lebensweise zu rechtfertigen. Sprechen Sie mit einem Anhänger des New Age, und Sie werden hören, daß Fastenkuren den Körper, die Seele und den Geist reinigen. Könnten Sie Frau Gloria Lee Byrd, Autorin von zwei Büchern über den Weltraum, fragen, warum Sie gefastet hat, dann würde sie erklären, daß Sie von J. W., einem Herrscher vom Jupiter, Befehl erhalten habe, ohne Nahrung zu bleiben, um Frieden zu bringen. Sie können sie aber leider nicht fragen. Sie starb am 60. Tag ihrer Mission.

Wie sie wohl erraten haben, sind wir mehr daran interessiert, ein paar Pfunde zu verlieren, als am Weltfrieden oder an unserem persönlichen inneren Frieden. Abgesehen von ungewöhnlichen chirurgischen Eingriffen ist Fasten unseres Erachtens nach wie vor die schnellste Methode dafür. Im allgemeinen sagt man, daß eine Person mit durchschnittlichem Gewicht in der ersten Phase des Fastens zwischen zwei und drei Pfund pro Tag abnehmen kann, eine schwerere Person sogar mehr. Natürlich besteht viel von diesem verlorenen Gewicht, wie Spötter behaupten, aus Wasser. Das kann schon sein; damit können wir leben. Haben Sie schon mal gehört, daß jemand sagt: »Oh, sie mag ja ganz schön schlank aussehen, aber sie ist nicht wirklich schlank, es fehlt ihr nur etwas Wasser«? Und was das Argument angeht, daß man nach dem Fasten bald wieder zunimmt, so mag dies ebenfalls zutreffen, aber auch damit können wir leben. Wir sind lieber eine kurze Zeit schlank als nie. Außerdem ist es ein Ansporn, wenn man ein paar Tage lang schlank ist, diesen Zustand zu erhalten und/oder – diesmal meinen wir es wirklich ernst – von nun an gesünder zu essen.

Mit alledem im Hinterkopf begaben wir uns in ein Sanatorium, das auf medizinisch überwachte Saftkuren spezialisiert ist. Wir fragten eine der Ernährungswissenschaftlerinnen, wie lange wir auf feste Nahrung verzichten sollten. Sie erwiderte: »Jeder macht andere Erfahrungen bei einer Saftkur«, »Es kommt darauf an, warum Sie sich dazu entschlossen haben.« Wir erklärten ihr unser Ziel. »O nein! Wir empfehlen keine Saftkuren zum Abnehmen«, sagte sie, von unserer Eitelkeit etwas angewidert. »Der Zweck der Saftkur ist Entgiften. Wenn Sie eine Saftkur machen, gelangt ihr

Geist in einen meditativen Zustand.« Nach dieser Lehrmeinung wird der Körper während der Saftkur von seinen Verdauungsaufgaben befreit und kann sich deshalb darauf konzentrieren, all seine schrecklichen Unreinheiten – physische und überhaupt – abzusondern. (Wenn Sie das Wort »Saftkur« oft genug wiederholen, dann klingt es plötzlich sehr unangenehm.)

Wir beschlossen, uns drei Tage lang der Saftkur zu unterziehen, denn so lange können wir ohne Telefon und Fernseher überleben, und die Zimmer hatten weder das eine noch das andere. Die nächsten neun Mahlzeiten nahmen wir an einem eigens reservierten Saft-Tisch ein. Die Bedienung kredenzte uns eine Auswahl an Säften – 454 g pro Mahlzeit. Wir probierten grünes Gemüse (100 Kalorien), Karotten und rote Beete (205 Kalorien), Karotten, Apfel und rote Beete (240 Kalorien) und gemischtes Obst (240 Kalorien). Der Kanalup-Saft (240) schmeckte am besten; der Tomaten- und Gemüsesaft (85 Kalorien) schmeckte fast wie Wasser. Man erlaubte uns, die Saftrationen mit einer unbegrenzten Menge Kaliumbrei anzureichern, aber das haben wir nie probiert.

Während unseres Aufenthalts in dem Sanatorium hat außer uns nur noch eine Frau eine Saftkur gemacht. Sie war für acht Tage auf Saft, weil sie sich, wie sie uns erzählte, danach großartig fühlt. Am Morgen unseres zweiten und ihres sechsten Tages beobachteten wir, wie ihre Hand zitterte, als sie eine Zitrone ins heiße Wasser preßte. An jenem Tag beim Mittagessen, als wir unseren Saft aus Apfel, Zitrone, Ingwer und Petersilie (240 Kalorien) hinunterkippten und sie ihren Grapefruitsaft schlürfte, den sie mit Wasser vermischt hatte, damit er länger reicht, schalt sie uns, weil wir im Stehen tranken, und erklärte, daß die Saftkur viel besser anschlägt, wenn man dabei sitzt. Ähnlich empört war sie, als sie hörte, daß wir nicht abführten, denn das, meinte sie, sei wesentlich für die Erfahrung einer Saftkur. Wir hielten es für das Beste, es vor ihr zu verheimlichen, daß wir schon am ersten Abend in die Stadt gefahren sind, um uns einen Cola-Vorrat für drei Tage zu besorgen.

Wieviel haben wir abgenommen? Eine von uns beiden 3 ½, die andere 4 ½ Pfund (ehrgeizig wie wir sind, verraten wir nicht, wer wieviel). Wir fühlten uns nie träge. Nach den ersten zwölf Stunden hatten wir auch nie mehr Hunger. Wie auch immer, unser Handwurzel-Syndrom ist nicht verschwunden, und auch der Fußpilz nicht. Nie sprach J. W. vom Jupiter mit uns über den Weltfrieden, obgleich uns etwas Abwechslung gutgetan hätte. Fasten ist langweilig; wer hätte je geglaubt, daß Kauen so kurzweilig ist? Nachdem es uns geglückt ist, unser Gewicht mehrere Wochen zu halten, haben wir daraus geschlossen, daß Fasten ziemlich erfolgversprechend ist, insbesondere, wenn man innerhalb von ein paar Tagen den Bauch wegbekommen muß oder wenn ein bestimmter Anlaß demnächst einen Badeanzug erfordert. Eine Saftkur sollten Sie aber nicht länger als ein paar Tage ohne ärztliche Aufsicht oder ohne politischen Grund machen.

Auf dem Weg nach Hause kamen wir an einem Pizza-Hut-Restaurant mit dem Angebot »Essen Sie soviel Sie können für 3,99 Dollar!« vorbei – und haben nicht angehalten. Wenn *das* kein Erfolg ist!

GERÄUSCHVOLLES ESSEN

Wenig Kalorien = laut. Das ist uns neulich aufgefallen, als wir am Telefon sprachen oder eigentlich mampften. Wie unangenehm, dachten wir, das Lutschen oder Knabbern an kleinen Süßigkeiten wie Eis oder Baumrinde klingt für den Teilnehmer am anderen Ende der Leitung ja wie Straßenbauarbeiten. Karotten, Sellerie, Radieschen, Popcorn, Äpfel, Wassermelone – unglaublich viele Nahrungsmittel mit wenig Kalorien sind auch besonders faserreich und deshalb laut, wenn man sie kaut. Oder es klingt wegen des hohen Saftgehalts geradezu unanständig, wenn man sie beim Telefonieren ißt – einen Pfirsich zum Beispiel kann man nur auf sehr störende Weise schlürfen. Andererseits sind dick machende Nahrungsmittel weich und still – Pudding, Eis, Kartoffelpüree, Fettuccine, Marshmallows, Karamelsauce, Kuchen und Schokolade. Sie können sogar Kartoffelchips unauffällig essen, wenn Sie lange genug darauf herumkauen.

Dies ist bloß eine Beobachtung, keine Empfehlung. Wir schlagen Ihnen nicht vor, das Fruchtsafteis wegzuwerfen und den Holzstiel zu essen (bei genauerem Hinsehen gar keine so schlechte Idee). Wir haben schon gemerkt, daß Sie kein Horchgerät brauchen, um herauszufinden, ob etwas jenseits der Diät-Grenze liegt. Wahrscheinlich wissen Sie haargenau, wie viele Kalorien jedes verfügbare Nahrungsmittel auf der Welt hat. Dazu kommt, daß unsere Theorie über geräuschvolles Essen zugegebenermaßen nicht gerade umwerfend ist. Denken Sie bloß einmal an Nüsse. Wir wechseln lieber das Thema, bevor Ihnen noch weitere Ausnahmen zu unseren wissenschaftlichen Grundsätzen einfallen und Sie diese auch noch dem Nobelpreis-Komitee für Diätfragen mitteilen.

GRATISESSEN

Dem Gratisessen haftet nichts Böses an. Gewöhnlich schmeckt es ziemlich gut, schon allein deswegen, weil Sie es weder zubereiten noch bezahlen mußten, weil es noch dazu in großen Mengen vorhanden ist und weil es sich fast immer um etwas handelt, was man nicht essen sollte, es aber doch tut, weil der Preis so günstig ist. Gratis zu essen ist ein Verhängnis für Leute, die schlank sein möchten. Entweder sind es die Semmeln beim gemeinsamen Frühstück, die Krabben in Rahmsauce beim Mittagessen, das mit Speck beladene Abendessen im Flugzeug – oder die nicht enden wollende Schlange am kalten Büffet. Selbst Leute mit eiserner Disziplin, die jahrelang keine Butter in ihrem Haus geduldet haben, sehen ein Gratisessen und werden rückfällig. Ist die Sparsamkeit daran schuld? Oder der Gedanke, daß freies Essen auch fettfrei und kalorienfrei ist oder nicht zählt, weil es ... nicht alltäglich ist? Liegt es daran, daß ein Gratisessen gewöhnlich in Situationen angeboten wird, in denen Sie nicht wirklich Herr Ihrer selbst sind – Sie befinden sich auf einer Party oder in einem Flugzeug, und das Essen ist wohl oder übel der einzige Zeitvertreib?

Wenn Ihnen das nächste Mal Pudding mit Karamelsauce

gratis angeboten wird, dann denken Sie an diese traurigen Tatsachen:

1. »Freies«, also kostenloses Essen ist in keinem Wortsinn und in keinem Diätsinn und in keinem sonstigen Sinn frei von irgend etwas.
2. Beim Essen ist »gratis« anregend. Sie essen zuviel. Am nächsten Tag fühlen Sie sich doppelt elend, weil sie sich a) fett und b) billig vorkommen.
3. Bevor Sie an einem Büffet aufladen, gehen Sie doch zuerst zu einem Geldautomaten, und schauen Sie nach, wie hoch der Saldo auf Ihrem Konto ist. Liegt er unter 100 Dollar? Dann sollten Sie wohl essen, soviel Sie können. Liegt er über 100 Dollar, müssen Sie sich nicht aus Gründen des Überlebens vollschlagen. Dann essen Sie am besten ein Karottenstäbchen und gehen auf die andere Seite des Raumes.
4. Wenn Sie Katzenfutter zu billigstem Preis im Angebot sehen, kaufen Sie es dann, selbst wenn Sie keine Katze haben? Dann gehören Sie zu den Leuten, denen man nie Lebensmittel ohne Preisschilder anbieten soll. Sie sind ein Schnäppchenjäger ohne das geringste kritische Urteilsvermögen. Fliegen Sie nicht, gehen Sie nie auf Partys, nehmen Sie nie an Meetings teil.
5. Gratiskaffee ist okay; aber nicht, wenn Gratisdonuts, -kuchen, -muffins, -pfannkuchen oder -hotdogs mit dabei sind. Denn in diesem Fall handelt es sich nicht um Gratiskaffee: Es ist eine dunkelflüssige Einstiegsdroge, die Sie in den Abgrund führt. Rühren Sie ihn bloß nicht an.

6. Warum sollten Sie überhaupt im Flugzeug essen *wollen*? Das Zeug schmeckt abscheulich. Sie sind verrückt.
7. Außerdem ist das Essen im Flugzeug nicht wirklich gratis. Als Sie Ihr Ticket gekauft haben, haben Sie ungefähr fünf Mark dafür gezahlt. Wenn Sie der Gratisaspekt reizt, dann schauen Sie sich doch Ihr Flugticket noch einmal genau an.
8. Na gut, es handelt sich um eine Geschäftsreise und jemand anderes hat Ihr Flugticket bezahlt. In diesem Fall gilt Punkt 6.
9. Niemand verschenkt Selleriestangen. Sollte es doch einmal jemand tun, dann zögern Sie nicht und stopfen Sie sie in sich hinein.

FREIE ZONEN

Die einzige Versuchung, die noch heimtückischer ist als ein Gratisessen, ist ein Gratisessen in einer Freien Zone. Dabei handelt es sich um ein Gebiet, in dem Sie aus irgendeinem Bitte-lieber-Gott-laß-es-wahr-sein-obwohl-ich-es-besser-weiß-Grund glauben, daß alles Eßbare den gleichen Kalorien- und Fettgehalt habe wie eine Stange Sellerie. Eine Art Zwielicht-Zone, in der man, wissenschaftlich betrachtet, unmöglich fett werden kann. Ein Bereich, der offiziell nichts mit Essen zu tun hat und an dem man deshalb verführbar ist oder einfach nicht aufpaßt. Für einen Schlankheitswilligen ist eine Freie Zone, was für ein Rhinozeros die Schwerelosigkeit im Weltraum sein könnte – ein Freibrief, um Verrücktes zu tun. Dennoch listen wir Ihnen einige ganz gewöhnliche Orte auf, an denen Gefahr lauert:

- das Auto
- jedes Kino
- Gehsteige
- Flughäfen
- Ihr Bett
- die Schlange an der Kasse bei Ihrem Lebensmittelhändler
- 15 cm vor dem geöffneten Eisschrank

- Kindergeburtstage
- die Teller anderer Leute

Wenn Sie sich im Kampf um Ihr Gewicht in der Freien Zone auf der Verliererseite befinden, dann müssen Sie Ihre Strategie beim Fasten ändern. Hier einige Vorschläge:

1. Betreten Sie nie eine Freie Zone ohne Überwachung, selbst wenn das bedeuten sollte, daß Sie einen indischen Fasten-Guru engagieren müssen, der mit Ihnen ins Kino geht.
2. Betrachten Sie Freie Zonen als Hungerzonen. Wir kennen, wie gesagt, eine Frau, die eine Waage auf dem Beifahrersitz ihres Autos liegen hat. Sie soll sie unter anderem daran erinnern, nicht bei einem Imbißstand anzuhalten, um sich einen Hotdog zu kaufen.
3. Halten Sie sich von Freien Zonen fern. Wer sagt denn, daß Sie mit Ihren Kindern zum Basar in der Schule mitgehen müssen?
4. Begeistern Sie sich für Beschäftigungen, bei denen man schwerlich essen kann, wie zum Beispiel Bungee-Springen. Oder suchen Sie häufig Plätze auf, wo Essen verboten ist, wie beispielsweise:

- Kirchen
- die Zahnarztpraxis
- den Operationssaal in einem Krankenhaus
- den Louvre
- ein Gefängnis
- die Tiefsee

WASSER

Auf dem ganzen Erdball gibt es keine Diät, bei der nicht das Hohe Lied der Acht-Glas-Wasser-pro-Tag gesungen würde. Und warum sollte man sich nicht daran halten? Schließlich hat Wasser die perfekte Kalorienzahl – 0 –, und Ihr Mund ist beschäftigt, während Sie sonst Mousse au Chocolat essen würden. Und es ist auch ohne Diät gut für Sie. In manchen Fällen verderben Sie sich, wenn Sie genügend Wasser trinken, sogar den Appetit, weil Ihr Magen so aufgebläht ist. Wir loben und empfehlen Wasser. Aber gleichzeitig fühlen wir uns verpflichtet, Ihnen reinen Wein einzuschenken: Wenn Sie literweise Wasser trinken, werden Sie nicht automatisch abnehmen. Unsere befreundete Ernährungswissenschaftlerin teilte uns diese traurige Tatsache mit. Es ist schon gut, wenn Sie Wasser trinken, und ganz besonders, wenn Sie eine Diät mit viel Protein machen, weil Ihr Körper bei der Verdauung von Protein mehr Wasser verbraucht, und Sie fühlen sich wohler, wenn Sie nicht ausgetrocknet sind. Aber wenn Sie glauben, daß Wasser auf wunderbare Weise das Fett aus Ihrem Körper spült, machen Sie sich was vor.

Unsere Freundinnen bei den Mittagessen für Dünne waren sich darüber einig, daß Kräutertee, der in unseren

Augen nur eine andere Form von Wasser ist, der beste Freund der Fastenden ist. Es stimmt, er schmeckt gut, und mit ein wenig Süßstoff können Sie sich der Illusion hingeben, etwas besonders Leckeres zu trinken. Wir sprechen dem Kräutertee ebenfalls unser Lob aus – Sie dürfen ihn nur nicht unter falschen Voraussetzungen trinken.

Wenn Sie Mineralwasser mögen, trinken Sie es – dann essen Sie ganz wenig, und Sie werden abnehmen. Wenn Sie riesige Mengen Mineralwasser trinken, sollten Sie auf das Etikett schauen. Man sagte uns einmal, daß bei einem bestimmten Mineralwasser auf dem Etikett ganz kleingedruckt, kaum lesbar, die Warnung stand, daß dieses Wasser einen winzigen Gehalt einer Valium-ähnlichen Substanz enthält. Wir suchen es immer noch.

PROTEIN-DIÄT

Dies sind keine guten Zeiten für Kühe. Es sind aber auch keine guten Zeiten für Hühner oder Lämmer oder Schweine. Im Augenblick scheint jeder, der eine Schlankheitskur macht, ein Fleischfresser zu sein. Protein und Fett ist gut; Kohlehydrate sind schlecht. Steak und Speck, ganz zu schweigen von Sahne und Käse, sind in; Nudeln und Brot und Obst sind out.

Vor vielen Jahren machten wir selbst eine Protein-Diät. Warum auch nicht? Cheeseburger schmecken besser als gekochte Karotten ohne Butter. Alle – wir selbst eingeschlossen – scheinen beträchtliche Mengen abzunehmen, wenn sie all diese deftigen Nahrungsmittel essen. Zumindest am Anfang.

Warum diese Diät Erfolg hat, ist noch nicht geklärt. Gegner sagen, die Protein-Diät hilft beim Abnehmen, weil

1. Kohlehydrate das Wasser im Körper stauen, wohingegen Protein harntreibend wirkt (sie sagen, diese Wirkung läßt nach ungefähr drei Wochen nach);
2. kleine Snacks nicht mehr erlaubt sind – es sei denn, Sie essen gern getrocknetes Rindfleisch in Streifen, so daß sie weniger (und weniger oft) essen;

3. Sie bei dieser Art von Diät weniger Kalorien am Tag essen, denn von dem vielen Eiweiß wird Ihnen eher schlecht, als wenn Sie Kohlehydrate zu sich nehmen;
4. Sie vor lauter Übelkeit keinen Appetit mehr haben. Kritiker sagen auch, daß diese Art von Diät schrecklich gefährlich sein kann, wenn man sie eine lange, lange Zeit durchhält. Aber wer macht schon eine Diät über eine lange, lange Zeit?

Eifrige Befürworter der Protein-Diät sprechen viel von den Eskimos, einem widerstandsfähigen und gesunden Volksstamm, der fast keine Kohlehydrate ißt. Sie sprechen auch eine Menge von Körperchemie. Die Theorie hinter der Diät mit wenig Kohlehydraten und viel Protein hat in einer Nußschale (und Nüsse sind erlaubt) Platz: Normalerweise und am leichtesten erhält der Körper Energie aus Glukose, die von den Kohlehydraten stammt. Je mehr Glukose sie produzieren, um so höher ist der Insulinwert. Insulin ist schlecht, weil es die Fetteinlagerung begünstigt. Wenn Sie andererseits Ihrem Körper Kohlehydrate vorenthalten, weil Sie hauptsächlich Protein und Fett zu sich nehmen, müssen Sie Ihr eigenes Fett zur Energiegewinnung heranziehen. Und alles, was Ihr eigenes Fett verbraucht, muß man hochleben lassen.

Wenn Sie gern Steaks und Butter essen, sollten Sie diese Diät vermutlich ausprobieren, zumindest für eine oder zwei Wochen. Sie hat bei vielen Frauen gewirkt und kann auch bei Ihnen anschlagen. Aber glauben Sie nicht, Sie können so viel Mayonnaise und Nüsse essen, wie Sie wollen. Denn ganz so einfach geht es nicht.

REIFES ODER UNREIFES OBST

Nur ein hochgradig neurotischer Schlankheitswilliger würde sich dafür aussprechen, daß reifes Obst, weil es süßer ist als unreifes, mehr Kalorien enthält. Aber wir kennen unsere Leser. Ganz zufällig haben Sie recht. Was mit zunehmendem Alter (das Alter der Frucht, nicht Ihres) geschieht, ist, daß sich aus unverdaulichen Fasern verdauliche Moleküle bilden. Der Unterschied ist minimal, aber was für den einen minimal ist, ist für den anderen gravierend. Und für einige Ernährungswissenschaftler ist es nicht nur eine Frage der Kalorien. Wenn eine Frucht heranreift, bricht die Stärke in einfachere Zuckerformen auf, wodurch mehr Blutzucker entsteht. Bei der Banane etwa erhöht der Reifungsprozeß den Blutzucker um 70 Prozent (schreibt Philip Lipetz in *The Good Calorie Count*; er übernahm die Theorie von K. Hermansen et al. in *Diabetic Medicine 9, 1992* und von T. M. S. Wolever et al. in *J. Clin. Nutr. Gastroenterol. 3, 1988*. Damit sind Sie auf dem neuesten Stand der Wissenschaft). Wenn es Ihnen mit Ihrem Blutzucker ernst ist, und das ist es nicht jedem, dann lassen Sie die Finger von reifen Bananen.

Dann ist aber auch wieder unklar, warum Sie die grünen, unreifen Bananen nehmen sollten. Sie könnten natürlich Süßstoff daraufstreuen, bis sie süß genug sind und schmecken. Dann haben Sie es aber wieder mit der gleichen Kalorienzahl zu tun wie bei reifen Bananen. Was wirklich dabei herauskommt, entnehmen Sie der nachstehenden Tabelle mit den Vergleichszahlen zwischen einem unreifen und einem reifen Apfel.

Apfel

Größe	**unreif**	**reif**
	Kalorien	**Kalorien**
klein Durchmesser 6,3 cm	59	63
mittelklein Durchmesser 7 cm	77	83
mittelgroß Durchmesser 7,6 cm	93	99
groß Durchmesser 8,3 cm	118	127

DAS INNERE ODER ÄUßERE VON NAHRUNGSMITTELN

Sind Sie ein Outsider oder ein Insider? Nein, nein, wir wollen hier nicht Ihren Entfremdungsgrad von der Gesellschaft erforschen. Wir sprechen davon, ob Sie das Innere oder das Äußere von Nahrungsmitteln vorziehen. Während der Mittagessen für Dünne haben wir beobachtet, daß viele Frauen an ihren Semmeln zupften und nur die Kruste oder Häppchen vom Inneren gegessen haben. Oder sie haben vom Hühnchen die Haut weggeschnitten. Oder vom Kuchen die Glasur weggekratzt.

Wenn Sie auch so eigenartige Neigungen verspüren, dann sind Sie gut dran. Und zwar deswegen: 1) Schon in der ersten Klasse haben wir gelernt, daß der Bruchteil eines Ganzen immer weniger ist als das Ganze. Verständlicher ausgedrückt: Es ist immer besser, von etwas nur einen Teil nicht zu mögen, als das Ganze nicht, und je größer der Teil, den Sie nicht mögen, um so besser für Sie. 2) Es macht Arbeit, Eßbares zu schälen, zu enthülsen oder zu häuten, und Arbeit kostet Zeit, und Zeit vermindert die Kalorien pro Minute (siehe »Kalorien pro Minute«). Sie können es sogar so satt haben, das Innere vom Äußeren zu trennen, daß Sie, noch bevor Sie einen Bissen gegessen haben, vom Abendbrottisch aufstehen. Obwohl wir daran unsere Zweifel haben. 3) Wenn Sie sich darauf beschränken, entweder das Äußere oder das Innere von Nahrungsmitteln zu essen, dann wird Ihnen der Vorrat früher zur Neige gehen, als wenn Sie alles zur Gänze aufessen.

Ei (groß)	
Eiklar	16 Kalorien
Eigelb	63 Kalorien
Hühnchen	
Haut, 30 g	130 Kalorien
weißes Fleisch, 100 g	190 Kalorien
dunkles Fleisch, 100 g	230 Kalorien
Folienkartoffeln	
Haut, 60 g	75 Kalorien
Inneres, 100 g	98 Kalorien
Biskuitkuchen mit Schokolade	
Kuchen	103 Kalorien
Schokoladenüberzug	72 Kalorien
Apfel (mittelgroß, Durchmesser 7,6 cm)	
ohne Schale	82 Kalorien
Schale	11 Kalorien

Brot

innen = wie außen (die Kruste könnte mit Öl oder mit Butter bestrichen sein, doch das ist kalorienmäßig nur ein minimaler Unterschied)

BAGELS

Haben Sie zufällig schon mal was von ... *Satan* gehört? Na gut, vielleicht nicht gleich vom Satan, aber jedenfalls nicht gerade von der Guten Fee der Nahrungsmittel. Ja, Bagels haben kein Fett (zumindest so lange nicht, bis Sie Sahnekäse daraufstreichen), aber sie sind reich an Kalorien und Kohlehydraten. Wiegen Sie einmal einen. Ein richtiger Bagel wiegt ungefähr 4 ½ Pfund und (jetzt im Ernst) kann bis zu 600 Kalorien haben. Mit zwei Bagels haben Sie praktisch Ihre Tagesration an Kalorien verbraucht, auch wenn es Ihnen so vorkommt, als hätten Sie sich nur einen kleinen Imbiß nach der Arbeit genehmigt.

Wenn Sie nicht ohne Bagels leben können, was bleibt Ihnen dann übrig? Kaufen Sie immer ungefüllte – Sesam und Mohn haben schließlich auch Kalorien. Nehmen Sie, wenn Sie die Wahl haben, statt eines Bagels immer ein Bialy – die schmecken fast genausogut und haben nur halb so viele Kalorien. Die wahrhaft Dünnen teilen ihren Bagel in drei Teile und werfen den mittleren Teil weg, weil der sowieso keine so gute Kruste hat, so daß der Verlust nicht so schwer wiegt (es sei denn in Kalorien). Die wirklich und wahrhaft Dünnen schaben dann auch noch das Innere heraus. So bleibt die Form und das Wesen des Bagels erhalten – und vor allem die Kruste, und die hat viel weniger Kalorien.

DER VERGLEICH ZWISCHEN ÄPFELN UND ORANGEN

Apfel	82 Kalorien
Orange	65 Kalorien

SÜẞSTOFF

Vor langer, langer Zeit gab es noch keinen Süßstoff. Süßes schmeckte süß, weil Zucker drin war oder Honig oder Melasse, und die Süße schlug sich in der Kalorienzahl nieder (770 Kalorien pro Tasse Zucker, 60 pro Eßlöffel Honig, 70 pro Eßlöffel Melasse).

Dann kam Saccharin und Aspartam auf – Marken wie Canderel und NutraSweet –, und plötzlich konnte man einen Sixpack zahnerweichend süße Cola light hinunterspülen, ohne eine Kalorie mehr zu sich zu nehmen. Mein Gott! So scheint es wenigstens, mit Ausnahme der Tatsache, daß Saccharin bei Versuchsratten Blasenkrebs und Funktionsstörungen im Hirn verursachte, und manche behaupten, daß Aspartam Kopfschmerzen, Epilepsie, Gedächtnisverlust, Übelkeit und Depression hervorrufe. Solche Informationen regen uns so auf, daß wir uns nur mit einem Orbit ohne Zucker und ohne Fett und mit einer Handvoll Assucrin extra-stark beruhigen können. Werden wir je siegen? Können wir weiter Süssin einnehmen und unsere Gehirnzellen dennoch behalten?

Was noch viel schlimmer ist: Manche Wissenschaftler behaupten, daß der Geschmack von irgend etwas Süßem – ob richtiger oder künstlicher Zucker – die Insulinausschüttung in den Blutstrom stimuliert, was wiederum den Appetit steigert. Anders ausgedrückt heißt das, daß Sie einerseits ungestraft Cola light mit 0 Kalorien trinken können, aber entsprechend dieser Untersuchungen dann einen derartigen Heißhunger bekommen, daß Sie möglicherweise der Versuchung eines Stücks Käsekuchen nicht widerstehen können. Eine andere Untersuchung behauptet, daß Aspartam die Serotonin-Produktion hemme, eine Substanz, die der Körper zur Appetitregulierung und zur Verbesserung der Stimmung benötigt.

So gibt es eine Unmenge kalter, knallharter, wissenschaftlicher Daten und Untersuchungen (wahrscheinlich von der NutraSweet Company of America finanziert, aber denken Sie daran, diese Studien sind teuer), die beweisen sollen, daß Süßstoff 1) nicht hungrig macht, 2) unmöglich die Serotonin-Produktion so stark hemmen kann, daß Ihre Stimmung davon wesentlich beeinflußt wird, und 3) Süßstoff ein wahrer Segen für Dicke ist – und aus diesem Grund auch für normal Gewichtige, die nicht jedesmal, wenn sie fünf Pfennig für Süßigkeiten ausgeben, unbedingt eine Million Kalorien zu sich nehmen wollen.

Wir haben das alles schon hinter uns. Erstens verbrauchen wir beide eine große (riesige) Menge an Süßstoff, so viel, daß sich keine Versuchsratte nahe an uns herantraut, aus Angst, sie könnte unser Gift einatmen. Und da wir dieses Buch schreiben, glauben wir, daß unser Hirn noch funktionstüchtig ist. Das ist natürlich keine Garantie für die Zukunft, aber die gibt es ja nie. (Anmerkung: Unser Hirn funktioniert noch so gut, daß wir einen lebhaften Streit vom Zaun gebrochen haben, welchen Süßstoff wir am liebsten nehmen – Susan schwört auf Equal, Patty nimmt am liebsten eine Kombination verschiedener Produkte.) Wir verwenden Süßstoff großzügig und behaupten, daß er fast jede geschmacklose Substanz (Hüttenkäse, Eissplitter, Kräutertee) in einen anständigen Nachspeisenersatz mit geringer Gefahr für die Linie verwandelt. Sie dürfen die Speisen nur nicht erhitzen (zumindest NutraSweet scheint dabei den Geschmack einzubüßen). Und wie könnte das deprimierend sein? Andererseits ist uns beiden aufgefallen, daß wir, je weniger Süßes wir essen (echt oder künstlich), um so weniger Lust darauf haben. Aber die Momente, in denen wir nichts Süßes wollen, sind die Momente, in denen wir gar nichts essen mögen. Daher ist es schwer, zwischen Ursache und Wirkung zu unterscheiden. Als Quantitäts-Esser glauben wir, daß die Philosophie »Nimm ein bißchen vom Echten, es schmeckt besser, und du bist schon mit wenig zufrieden« auf uns nicht anwendbar ist. Nur ein Häppchen vom Schokoladekuchen ohne Mehl? Warum nicht gleich den ganzen Kuchen? Wenn er schon so verflixt gut schmeckt, warum sollte man sich da mit einem Stückchen begnügen?

Deswegen sind wir letztendlich überzeugte Anhänger von Süßstoff. Wenn wir einen Heißhunger auf Süßes haben, dann auf eine Menge Süßes, und dann können wir den Schaden begrenzen, indem wir keine echten Süßigkeiten essen. Natürlich lullt der Verzehr von Künstlichem in ein falsches Gefühl der Sicherheit ein, nämlich in die Art von Sicherheit, die dazu führt, daß man eine ganze Packung Kekse ohne Fett ißt – statt wie ein zivilisierter Mensch ein oder zwei Stück. Um uns davor zu bewahren, verderben wir uns mitten in unserer Keksorgie den Appetit mit dem Gedanken: Es heißt zwar, sie seien ohne Zucker und ohne Kalorien, aber vielleicht ist das gelogen... erstaunlich, wie schnell man dann plötzlich nichts mehr essen will.

Dies alles könnte sich mit dem kürzlich neu eingeführten Zuckerersatz ändern, der »Stevia« genannt wird. Das ist ein pflanzliches Pulver, süßer als Aspartam, ganz natürlich und angeblich harmlos. Damit wäre man die Sorge um die Hirnschädigung los, aber das Problem, daß der Geschmack von Süßem hungrig macht, ganz gleich welchen Ursprung die Süße hat, wäre noch nicht gelöst. Na ja, was vormachen kann man sich immer.

Eben erreicht uns folgende Meldung: Der Exekutivausschuß des amerikanischen Staatlichen Toxikologie-Programms, einer Beratungsstelle des Gesundheitsministeriums, hat im Dezember 1998 Saccharin eine Unbedenklichkeitsbescheinigung ausgestellt. Unser Kommentar dazu: »Guten Appetit!«

Wo man Süßstoff verwenden kann

- Sellerie,
- bereits gesüßter Eistee,
- Hüttenkäse,
- Reis (und schon haben Sie Reisbrei!),
- ungewürzte Nudeln (und schon haben Sie eine süße Nudelspeise!),
- Omelett aus Eiweiß (voilà ... Crèpes als Nachspeise!),
- Bleistiftspitzen,
- alle Früchte mit Ausnahme von Wassermelone (beim zweiten Mal klingt »Nutra-Wassermelone« lecker),
- Rosinen (ein Genuß im Kino).

Wo man Süßstoff nicht verwenden kann

- Fleisch,
- Cola light,
- Branntwein,
- Pizza,
- Heilbutt,

SALZ

Salz macht nicht dick, keine Bange. (Einen Tag, nachdem Sie beim Chinesen ein Abendessen mit schwerer Sojasauce gegessen haben, sitzen Ihre Ringe eng. Das wird aber nach ein paar Stunden vergehen. Wenn Ihre Ringe eng sitzen, obwohl Sie in letzter Zeit nicht chinesisch gegessen haben, sind Sie vermutlich fett, und es hat mit Salz nichts zu tun. Sie sollten dann von allem Eßbaren weniger essen, inklusive chinesische Speisen.)

OLESTRA

Allein zu Forschungszwecken haben wir Kartoffelchips ohne Fett probiert, die mit Olestra zubereitet wurden (einem Fett ohne Fett, das den Körper unverdaut passiert) und nur die Hälfte der Kalorien von normalen Kartoffelchips haben (75 Kalorien pro 28 g). Seither essen wir sie ständig. Sie sind zu stark gesalzen und schmecken etwas abgestanden, aber wir haben uns an den Geschmack gewöhnt. Das Problem ist nicht, daß einem davon übel wird, wenn man zuviel ißt (was man gar nicht verhindern kann). (»Fördern die Verdauung«, steht manchmal auf der Packung; das trifft es.) Das Problem ist auch nicht, daß man schlimmstenfalls einen Leberschaden davon bekommt oder bestenfalls einen Mangel an wichtigen Nährstoffen erleidet. (Obwohl einige Wissenschaftler meinen, das sei Unsinn.) Das Problem ist vielmehr, daß wir, bevor wir diese Kartoffelchips probiert haben, nie welche gegessen haben. Kartoffelchips waren tabu. Obwohl es angenehm ist, daß Kartoffelchips mit Olestra nur 75 statt 150 Kalorien pro 28 g und kein Gramm Fett statt 10 g haben, bleibt es Tatsache, daß wir 0 Kalorien und 0 g Fett aus Kartoffelchips gegessen haben, bevor welche mit Olestra auf den Markt kamen.

Hinweis: Bitte erfinden Sie keine Käsespätzle ohne Fett!

EPHEDRIN

Ah, Ephedrin! Das Elixier jeder Diät. Es nimmt den Appetit und regt den Metabolismus an. Frauen nehmen innerhalb von Tagen mehrere Pfunde ab, ohne ihre Eß- bzw. Sportgewohnheiten zu ändern. Muskelmasse, die man bei einer in Mode befindlichen Diät gewöhnlich zuerst verliert, bleibt bei Anwendung von Ephedrin erhalten. Kombiniert mit Koffein und Aspirin – wie bei vielen Pillen, Pulvern und Tees zur Gewichtsreduzierung –, erhöht sich die Wirkung des Medikaments um ein Vielfaches. Die Mixtur wird häufig noch durch Laxativa und Diuretika auf pflanzlicher Basis ergänzt.

Mittel, die Ephedrin oder chemisch verwandte Substanzen enthalten, sind in Apotheken oder über das Internet erhältlich. Ephedrin ist der magische Bestandteil von *Herbal Ecstasy*, der natürlichen Form des Mittels MDMA (4-Methyl-2-Dimethoxyamphetamin, so die offizielle Bezeichnung). Die englischen Markennamen sagen ziemlich viel über die Versprechungen der Medikamente aus: *Cloud 9, Herbal Ecstasy* und *Ultimate Xphoria*. Die botanische Version von Ephedrin, das chinesische *ma huang* oder *ephedra sinica*, wird manchmal als »legales Speed« bezeichnet. Ephedrin ist auch mit Pseudoephedrin verwandt, einem Medikament, das die Wirkung von Nasentropfen ausmacht. Und tatsächlich hat bei einem Mittagessen für Dünne eine Frau auf unsere Standardfrage, was ihr Diät-Tip Nummer eins sei, in ihrer Handtasche herumgewühlt und einfach Paracetamol hochgehoben.

Ephedrin schmilzt nicht nur Fett und verwandelt Sie in den glücklichsten Menschen auf der Welt. Es steigert auch sportliche Leistung und sexuelle Empfindung. Damit verglichen erscheint der Gedanke an Sicherheit ziemlich kleinlich. Dennoch möchten wir nicht verantwortungslos handeln. (Okay, wir tun's, wissen es aber eigentlich besser.) Ist es gefährlich? Es kommt darauf an, wen Sie fragen. Selbst seinen Befürwortern zufolge kann Ephedrin einen trockenen Mund, Nervosität, Übelkeit, Kopfschmerzen, Magen-Darm-Beschwerden, Schlaflosigkeit, Konzentrationsstörung und Herzklopfen verursachen – und das sind noch die *guten* schlechten Nebenwirkungen. Die *schlechten* schlechten Nebenwirkungen lauten Psychose, psychische und/oder physische Abhängigkeit, Herzrhythmusstörungen, Paranoia, Schlaganfall und Herzkammerflimmern. Der schlimmste Nebeneffekt ist der Tod.

Das US-Bundesinstitut für Arzneimittel und Medizinprodukte prüft die pflanzlichen Formen von Ephedrin und hat in der Zwischenzeit dringend vor der Verwendung entsprechender Produkte gewarnt. In 17 Staaten der USA sind sie inzwischen gesetzlich verboten. (In Deutschland ist ohnehin nur ein ephedrinhaltiges Medikament zugelassen, nämlich Antiföhnon.)

Befürworter von Ephedrin behaupten jedoch, daß nur ein Bruchteil der Bevölkerung das Mittel nicht verträgt. Sie geben zu, daß man es bei Herzproblemen, Angina, Bluthochdruck, Schilddrüsenproblemen oder bei vergrößerter Prostata nicht nehmen soll, behaupten aber auch, daß fast sämtliche Todesfälle im Zusammenhang mit Ephedrin auf eine Überdosis zurückzuführen sind. Sie haben uns auch darauf hingewiesen, daß es in China schon seit 5.200 Jahren einen aus Ephedra hergestellten Saft gibt – und so lang gibt es auch Gift ...

Wir kennen viele Frauen, die mit Ephedrin abgenommen haben. Sie leben alle noch, eine jedoch ist einmal in Ohnmacht gefallen.

GESCHWINDIGKEIT

Dünne essen nicht wie Welpen, die ihren Teller bis auf den letzten Rest sauberlecken. Sie essen langsam, manchmal so langsam, daß das Zusehen weh tut. Manchmal ist es frustierend, eine langsame Esserin zu beobachten. Man möchte vom Tisch aufspringen und ihr das Essen in den Hals stopfen. Dieses Risiko muß eine langsame Esserin eingehen, um dünn zu werden. Und das sollen Sie ja schließlich. So wird's gemacht:

- Bestreiten *Sie* im Restaurant die Unterhaltung. Zuhörer essen zuviel.
- Essen Sie immer mit Besteck und Teller. Ausstattung verlangsamt.
- Schneiden Sie Ihr Essen in winzig kleine Stückchen. Auch das reduziert das Eßtempo.
- Kauen und kauen und kauen Sie.
- Lassen Sie Salz- und Pfefferstreuer an alle herumgehen, bevor Sie sie nehmen. Wenn Sie als letzte zu essen anfangen und während der ganzen Mahlzeit langsam essen, werden Sie weniger essen.
- Bieten Sie sich an, den Tisch abzuräumen, wenn Sie bei

jemand zum Abendessen eingeladen sind. Sonst sitzen Sie noch herum und essen die Reste auf.

- Essen Sie nicht wie in einem Bühnenstück von Sam Shepard – Hocker vor dem geöffneten Eisschrank, Füße auf der Anrichte, Finger in der Fertigpackung. Das regt zum Hochgeschwindigkeits-Essen an.
- Denken Sie immer daran, Sie essen jetzt nicht zum letzten Mal. Es wird immer etwas Eßbares geben (wenn nicht, um so besser!).
- Spielen Sie, wenn es sein muß, mit Ihrem Essen herum, damit Sie nichts essen müssen, wenn Sie keinen Hunger haben. Wie hoch wird auf dem Teller ein Blockhaus aus Pommes?
- Machen Sie während einer Mahlzeit Pause, so oft Sie können. Damit verringern Sie nicht nur Ihre KPM (siehe »Kalorien pro Minute«). Sie können auch leichter feststellen, ob Sie aus Hunger oder aus Freßlust essen.

ALKOHOL

Wir alle kennen dicke Trinker, und wir alle kennen dünne Trinker. Aus rechtlichen Gründen dürfen wir keine Namen nennen. Außerdem sind spaßige Gerüchte nicht das, worauf es hier ankommt. Der Zweck dieses Buches ist, herauszufinden, wie sich das Trinken auf das Gewicht auswirkt. Dabei sind zwei Fragen von herausragender Bedeutung.

- Wird man von einem Schwips schwerer oder leichter? Die meisten Untersuchungen haben festgestellt, daß man nach dem Genuß von Alkohol mehr ißt (zum Teil deswegen, weil der Körper die vom Alkohol stammenden Kalorien nicht »bemerkt«, so daß man hungrig bleibt). Außerdem ißt man nicht nur mehr, sondern auch schlecht. Selten und zu beneiden der/die Betrunkene, der nach ein paar Martinis weiterhin Karotten und Joghurt ohne Fett ißt! Untersuchungen zeigen, daß man in beschickertem Zustand einen Heißhunger auf Proteine entwickelt – Mengen und Abermengen von der dick machenden Sorte. Im Gegensatz zu diesen Ausführungen meinte eine zahlenmäßig beträchtliche Minderheit bei den Mittagessen für Dünne, daß sie durch Alkohol das

Interesse am Essen völlig verliere. Eine Frau meinte, sie trinke nach dem Abendessen ein Glas Wein, das ersetze ihr die Nachspeise. Wir beglückwünschen Sie auch, wenn es Ihnen gelingt, mäßig zu trinken und nicht alles auf der Speisekarte zu bestellen.

- Wird der Metabolismus durch den Alkohol verändert? Ja, aber wie er sich verändert, hängt davon ab, wieviel Sie getrunken haben. Wenn Sie eine vernünftige Menge Schnaps trinken, wird Ihr Körper das Fett langsamer verbrennen. Mit anderen Worten: Sie nehmen an Gewicht zu. Wenn Sie aber zum Trunkenbold werden, lernt Ihr Körper, wie er die vom Alkohol stammenden Kalorien »vergeuden« kann. Die sieben Kalorien pro Gramm, die Alkohol normalerweise verursacht, werden nicht als sieben Fettkalorien eingelagert. Dieser Defekt im Metabolismus war die Grundlage für die Trinker-Diät, eine beliebte »Kur« in den 60er Jahren, bei der Zucker und Stärke durch Alkohol ersetzt werden. Leider bilden sich bei dem gleichen Vorgang, der den Körper eines starken Trinkers befähigt, vom Alkohol stammende Kalorien in unnötige Wärme umzuwandeln, auch eine Menge gefährliche Substanzen im Körper, die indirekt zu unerwünschten Krankheiten führen, wie zum Beispiel Leberzirrhose und Speiseröhrenkrebs. Dann sind Sie dünn, aber auch tot.

Wir haben zwar gerade erklärt, warum beim Alkohol die Kalorien nicht immer wichtig sind. Trotzdem wollen wir die Kalorienzahl von verschiedenen alkoholischen Getränken vergleichen:

	Kalorien pro 30 g
Chablis	23
Champagner	26
Soave	28
Sherry Dry	37
Campari	48
Schnaps 80 Prozent	66
Schnaps 90 Prozent	76
Schnaps 100 Prozent	86
Amaretto	81
Drambuie	111
Tia Maria	93
Bier, leicht	10
Bier, normal	13 (Dunkles Bier hat mehr Kalorien als helles.)

NIKOTIN

Ihr Arzt wird nicht erfreut sein, aber es ist wahr: Rauchen soll den Appetit, das Verlangen nach einfachen Kohlehydraten (Süßigkeiten) zügeln. Es hemmt auch die Wirksamkeit der Verarbeitung von Nahrungsmitteln zu Fett. Tatsächlich verbrennt man beim Nikotinkonsum Kalorien. Deswegen haben wir uns gefragt, ob wir abnehmen würden, wenn wir nur ein Nikotinpflaster verwenden oder Nikotingummi kauen. Leider ist dieses Feld bislang kaum erforscht. Und noch etwas: Es gibt Anzeichen dafür, daß Rauchen die Symptome von Alzheimer vorwegnimmt – aber das ist Stoff für das Buch eines anderen.

Viele Frauen haben ihre glücklichsten und schlanksten Tage rauchend verbracht. Die meisten, die wir kennen, haben ganz mit dem Rauchen aufgehört, obgleich manche noch ein paar Zigaretten am Tag qualmen und behaupten, damit ihr Gewicht unten zu halten. Eine Raucherin erzählte uns, sie mache eine Zigarettenpause beim Essen, um den Appetit zu zügeln. Jene, die mit dem Rauchen aufgehört haben, träumen oft immer noch von einer Zigarette – eine Möchtegernraucherin erzählte uns, für sie bestehe das ideale Essen aus tiefgefrorenen, in Zucker gewendeten Zigaretten. Unter Models ist Rauchen ein Sport.

Und jetzt das Negative über das Rauchen. Sollten Sie Ihr ganzes Leben im Koma verbracht haben, dann müssen wir Ihnen leider die Wahrheit sagen: Rauchen ist nicht gesund. Es verursacht eine Menge Krankheiten, viele mit tödlichem Ausgang (obgleich man am Ende immer dünn ist). Wir empfehlen das Rauchen nicht. Damit würden wir uns zu viele Probleme einhandeln. Keine von uns beiden hat je geraucht, obwohl Patty einmal überlegt hat, ob sie nicht anfangen sollte, um ein paar Pfunde abzunehmen. Wir möchten ganz einfach sagen, daß Rauchen eine Möglichkeit zum Abnehmen ist, falls Sie auf das Leben nicht soviel Wert legen.

KOFFEIN

Wenn Ihnen wieder einmal jemand erzählt, wie ungesund Koffein sei, dann weisen Sie darauf hin, daß es unter Kaffeetrinkern weniger Suizidfälle gibt als unter Nicht-Kaffeetrinkern. Wir fragen uns, ob das damit zusammenhängt, daß sie dünner sind. Obwohl die meisten Wissenschaftler beschwören, daß Kaffee den Appetit drosselt und den Metabolismus nur geringfügig beeinflußt, ist es doch eine Tatsache, daß Kaffee harntreibend ist. Koffein, täglich genossen, zieht tatsächlich Wasser aus den Fettzellen und läßt so Ihre Haut glatter erscheinen. Deswegen ist es auch ein Hauptbestandteil bei vielen teuren Cremes gegen Cellulitis. (Sie können eine Menge Geld sparen, wenn Sie Kaffeesatz, der noch warm ist, in die von Cellulitis betroffenen Körperteile einmassieren.)

Ungeachtet dessen, was Wissenschaftler sagen, wissen wir jedoch aus Erfahrung, daß man, wenn man literweise Cola light, Kaffee und Eistee trinkt, so unter Strom steht, daß man RENNTUNDHÜPFTUNDZAPPELTUNDDASESSENVERGISST!!!!!!!!!!!!

DIE FRANZÖSISCHE FRAGE

Warum sehen Französinnen so sagenhaft aus? Darüber haben wir immer wieder bei den Mittagessen für Dünne gesprochen und festgestellt, daß es unfair ist. Die Franzosen leben jeder Diät-Regel zuwider: Sie konsumieren riesige Mengen Brot, Käse und Wein. Sie gießen Sauce auf alles, was nicht mehr lebt (und wenn sie schon einmal auf die Butter verzichten, dann nur, weil sie Sahne nehmen). Und sie machen keinen Sport, wenn man vom Anzünden der Zigaretten absieht.

Wir waren natürlich zu eifersüchtig, um einmal eine Französin zu einem Mittagessen einzuladen, dafür aber eine Italienerin, eine Australierin und eine Frau, die seit einigen Jahren in Kanada lebt. Diese berichtete, als sie noch ein Teenager war, habe eine ihrer Freundinnen erzählt, Französinnen hätten deswegen eine so gute Figur, weil das französische Brot keine Kalorien hat.

Wir haben verschiedene Theorien geprüft. *Sind die Franzosen attraktiver als Amerikaner oder andere Europäer, so daß die Frauen einen größeren Anreiz haben, für ein Liebesabenteuer in Form zu bleiben?* Nicht unbedingt – erinnern Sie sich an Charles de Gaulle? *Sind geheime, schlank machende Substanzen in Foie gras und in der Béchamelsauce, wenn sie in Frankreich hergestellt werden?* Nein, meinte eine Frau, die in Frankreich sehr stark zugenommen hat, weil sie nur Foie Gras und Béchamelsauce gegessen hat. *Vielleicht weiß der Dekonstruktivist Jacques Derrida etwas über das Aufbrechen von Fettzellen, das uns unbekannt ist?* Keine Ahnung, Derridas Bücher heben wir uns als Strandlektüre für den Sommer auf. *Und was hat es eigentlich mit der Nacktbaderei in Frankreich auf sich?* Ja, was denn?

Nach langen Diskussionen haben wir uns darauf geeinigt, daß Französinnen wegen ihrer Kleidung und wegen ihrer Eßgewohnheiten besser aussehen als wir Amerikanerinnen. Sie essen weder Pizza noch Hotdogs noch Straßeneis – zumindest nicht alles auf einmal. Sie betrachten das Fernsehen nicht als eine Art billiges Theaterrestaurant, wo man während der Vorstellung soviel Eßbares wie möglich in den Mund stopft, bevor man im Fernsehsessel einschläft. Außerdem hat die »So-viel-Sie-können«-Welle Frankreich noch nicht erfaßt – immerhin ein Land, in dessen Restaurants noch immer Portionen serviert werden, die auf einem Teller Platz haben.

Moment. Die Franzosen fangen an, wie die Amerikaner zu essen. Abgepackte Zerealien und heiße Schokolade aus dem Automaten ersetzen das duftende, ofenfrische Brot und den Kaffee als typisch französisches Frühstück. McDonald's ist in Paris ein beliebtes Restaurant für die ganze Familie. Coca-Cola ersetzt Wasser oder Wasser mit Fruchtgeschmack als Lieblingsgetränk von Kindern. Die Fettleibigkeit in der französischen Bevölkerung beträgt acht Prozent mit steigender Tendenz. Bald wird in jedem französischen Kühlschrank ein Sara-Lee-Käsekuchen liegen, und an jeder

Straßenecke wird man Donuts kaufen können. Amerika wird die fragile französische Figur ruinieren. Es ist nur noch eine Frage der Zeit. Wir freuen uns darauf!

WIE SIE AUF EINEM FOTO SCHLANK AUSSEHEN KÖNNEN (OHNE SCHLANK ZU SEIN)

Wenn Fotos lügen, können sie genausogut zu unseren Gunsten lügen. Dies erfordert gewisse grundsätzliche Vorkehrungen. Zum Beispiel: Stellen Sie sich neben einen Elefanten, und Sie werden daneben zart und zerbrechlich aussehen. Wenn das nicht möglich ist, dann sehen Sie zu, daß Sie nichts Großgemustertes oder Kariertes anhaben. Querstreifen sind unvorteilhaft, es sei denn, der Elefant trägt sie. Bei Verwendung eines Weitwinkelobjektivs sollten Sie in der Mitte Aufstellung nehmen. Auf der Seite wirkt man immer in die Quere gezerrt, was nie gut aussieht, es sei denn, man liegt.

Beleuchtung ist essentiell. Manchmal macht es das mangelnde Licht. Im allgemeinen sagt man, je dunkler, desto besser. (Warum, glauben Sie, lassen sich die Leute sonst im Schatten interviewen?) Wenn Sie Licht und Schatten nicht im Griff haben (und das hat wahrlich nur der liebe Gott), können Sie das mit Make-up kompensieren. Ihr Make-up sollte Sie kantig aussehen lassen, aber mit breiten Lippen und großen Augen. Nehmen sie sich den »Schrei« von

Edvard Munch zum Vorbild. Schminken Sie die Gegend unter dem Kinn dunkler, und fügen Sie eine dunkle Linie unter den Backenknochen hinzu, auch wenn Sie keine Backenknochen haben. Das Haar sollte das Gesicht verlängern. Keine Stirnfransen (es sei denn, es kommt Ihnen auf etwas anderes an als darauf, dünn zu erscheinen).

Nun zur Pose. Hände auf die Hüfte, so daß zwischen Armen und Körper ein Zwischenraum entsteht. Schultern zurück. Kinn nach unten. Wangen eingezogen. Lippen geschürzt. Augen kokett nach oben mit Rehblick. Und zerstören Sie jetzt nicht alles, indem Sie »Cheese« sagen. Das macht auf mehr als nur eine Weise fett.

Wenn die Kamera Sie in einem ungeschützten Moment erwischt hat, dann machen Sie sich keine Sorgen. Der wichtigste Teil der Fotografie kommt erst noch: die Retusche.

HYPNOSE

Vor einiger Zeit waren wir auf der Suche nach einer Methode, die uns davon abhält, gelegentlich etwa das 500fache der normalen Menge zu essen (siehe »Quantität und Qualität«). Die beste Lösung schien Hypnose zu sein. Sie ist schnell, zügelt vermutlich unvernünftiges Verhalten und scheint das zu versprechen, was wir alle wollen: Magie. Mit Hypnose ist schon alles behandelt worden, von der Angst vor dem Zahnarzt über Warzen an der Fußsohle bis zu giftigem Efeu. Sie versetzt einen in einen schutzlosen Zustand, in dem man für die Macht der Suggestivkraft sehr empfänglich ist.

Auf der Grundlage des Augentests war Susan die bessere Kandidatin für Hypnose als Patty. Der Augentest? Halten Sie den Kopf gerade, und rollen Sie die Augen nach oben. Je mehr Weiß hervorschaut, um so besser die Aussicht, hypnotisiert zu werden. Susans Augen gaben eine dermaßen furchterregende Menge Augenweiß frei, daß sie eine prima Kandidatin wäre, um gleich ins Koma befördert zu werden. Der Mangel an Weiß in Pattys Augen gibt andererseits einen Hinweis darauf, daß es ihr schwerfallen dürfte, so einfache Weisungen wie »drehen Sie sich nach links um« zu befolgen, von hypnotischer Suggestion ganz zu schweigen. Nichtsdestoweniger hoffte sie genau wie Susan auf dem Nachhauseweg von der ersten Sitzung bei der Hypnotiseurin Julie Flanders, auf mysteriöse Weise augenblicklich 20 Pfund zu verlieren.

Während der ersten unserer vier Sitzungen (je 100 Dollar) legte Julie mehr Wert auf Gesprächstherapie, als wir erwartet hatten. Während wir anfangs gar nicht neugierig darauf waren zu wissen, welche Umstände uns dazu geführt hatten, wie verrückt zu essen, so war es zugegebenermaßen doch interessant und in gewisser Weise auch hilfreich. Während jeder Sitzung redete Julie uns in Trance und geleitete uns sanft durch Entspannungsübungen (was man auch so ausdrücken könnte: monoton vor sich hin reden, bis man so gelangweilt ist, daß man beinahe einschläft). Während wir uns im hypnotisierten Stadium befanden, faselte Julie etwas über das positive Körperbild und gemäßigte Eßgewohnheiten, oft mit Bezug auf bestimmte Beispiele aus unserem Leben, die wir ihr vorher erzählt haben. Julie gab uns Tonbandaufzeichnungen von den Sitzungen, die wir uns jeden Tag anhören sollten. Prompt haben wir die Bänder verloren. (Eine unserer dünnen Freundinnen, die auch beim Hypnotisieren war, beschrieb, was auf ihrem Band aufgenommen war: »In dieser Welt voller Kommas und Punkte habe ich so ein Gefühl, daß du, Elisabeth, ein Ausrufezeichen bist! Wirst du der Versuchung der Kekse unterliegen? Wer ist stärker – du oder die Kekse?«)

Nach der ersten Sitzung gingen wir zu Fuß nach Hause; wir aßen alles, was wir auf dem Weg ergattern konnten. Wir haben uns gefragt, ob Julie vielleicht unser Ziel mißverstanden und uns die Freßlust eingeimpft hat. Nach der zweiten Sitzung haben wir das übermäßige Essen aufgegeben. Tatsächlich haben wir, mit Ausnahme unseres Gefräßigkeitsausrutschers auf dem Heimweg vom ersten Mal, nicht mehr zuviel gegessen, seit wir bei Julie waren. Wir haben zwar nicht abgenommen, halten aber die Hypnose für eine ziemlich gute Methode zur Behandlung von automatischem, gedankenlosem Eßverhalten.

RELIGION

Im Namen der Religion sind schon viele gestorben, aber nach Gwen Shamblin in *The Weigh Down Diet* (1997) kann man im Namen der Religion auch fasten. Er – also ER – kann dich so berühren, daß du dich nie überißt. Er kann uns mit dem gleichen Gefühl der Glückseligkeit erfüllen, das man vom Essen bekommt, jedoch ohne »unangenehme, schuldbewußte, deprimierende Nebenwirkungen«. Er führt uns nicht in die Versuchung von Chips und Dip. Das Buch *The Weigh Down Diet* war ein Bestseller, vielleicht aber nur deswegen, weil die einzige sportliche Disziplin darin lautete: »Knie nieder und bete ...«

Auch auf die Gefahr hin, daß wir böse niedergemacht werden, müssen wir von einer Untersuchung an der Purdue-Universität berichten. Sie hat ergeben, daß in den USA gläubige Menschen eher übergewichtig sind als religiös indifferente. Unter diesem Gesichtspunkt kann man schwerlich mit Gwen Shamblin übereinstimmen, daß Gott »das Genie der Verhaltensmodifikation« sei. Wir stimmen jedoch überein, daß Religion dünnen-freundlich sein kann:

- Religion entwickelt Ihre Schuldgefühle.
- Bei den meisten Religionen wird mindestens einmal im Jahr gefastet.

- Strenggläubige können das ganze Jahr lang Fastenzeit ohne Fett oder das Passahfest ohne Brot begehen.
- Die meisten Religionen verbieten Alkohol entweder ganz oder begrenzen Menge und Zeit, mit Ausnahme der Episkopalisten.
- Was würden Sie sagen, wenn der Zugang zum Himmel davon abhängt, wieviel Sie wiegen?

Ach, da fällt uns noch ein, eine Hostie hat höchstens fünf Kalorien. Aber machen Sie nicht alles zunichte, indem Sie zuviel Wein trinken.

WARUM SIE IHRER MUTTER NIE ERZÄHLEN SOLLTEN, DAß SIE EINE DIÄT MACHEN

Wenn Sie sich für mißgestaltet halten, warten Sie, bis Sie Ihre Mutter bitten können, Sie einmal zu beschreiben. In ihren Augen sind Sie entweder perfekt oder Sie sind ... sagen wir, das Gegenteil von perfekt. Und aus diesem Grund sollten Sie Ihrer Mutter nie sagen, daß Sie auch nur den geringsten Gedanken an Ihr Gewicht verschwendet haben, geschweige denn, daß Sie verzweifelt bemüht sind, es zu ändern. Sollten Sie in einem vorübergehenden Anfall von Verrücktheit dennoch Ihrer Mutter gegenüber erwähnen, daß Sie versuchen, ein wenig abzunehmen, dann müssen Sie sich auf eine der folgenden Antworten gefaßt machen:

1. »Ich weiß, du hast erst vor einer Stunde mit der Diät angefangen, aber wieviel hast du seither abgenommen?«
2. »Gute Idee. Laß uns die Diät zusammen machen. Ich werde dich unterstützen.«
3. »Warum willst du dich verändern? Du bist doch so hübsch. Und wenn du geradestehst, das Haar aus den Augen streichst, weniger düstere Kleidung anziehst, die

Zähne bleichst, Kontaktlinsen trägst (vorzugsweise farbige), einen Teppich für dein Wohnzimmer kaufst und deine Persönlichkeit änderst, wärst du wahrscheinlich innerhalb einer Woche verheiratet.«

4. »Ich hab' es gewußt! Du bist anorektisch. Das höre ich schon an deiner Stimme am Anrufbeantworter, daß du klinisch behandelt werden mußt.«
5. »Tatsächlich habe ich an unerträglichen Einzelheiten festgestellt, daß du in letzter Zeit ein wenig mollig aussiehst, und ausgiebig darüber mit meinen Freundinnen und mit deinen Freundinnen und mit deinen Geschwistern und mit den meisten Verwandten und mit Leuten, die du überhaupt nicht kennst, gesprochen. Aber mein Liebling, ich bin schließlich deine Mutter, und du weißt, ich liebe dich, ganz gleich, wie rund du bist.«
6. »Liebling, ich bin der Meinung, du siehst einfach bezaubernd aus in diesen riesigen, unförmigen Hängern und den sackartigen losen Hosen, die auf der Taille mit einer Kordel geschnürt werden. Das erinnert mich an die Zeit, als du mein pausbäckiges, molliges, kleines entzückendes Baby warst! Du warst so süß!«
7. »Wer hat dir gesagt, daß du abnehmen sollst?«
8. »Nur fünf Pfund?«

KOCHEN

Wenn Sie nicht über ein großzügiges Spesenkonto verfügen oder glauben, mit einer Diät aus rohen Hotdogs und Kaugummi überleben zu können, dann werden Sie vermutlich ab und zu kochen müssen. Sie Glückliche! Ja, im Ernst! Sie haben Glück, denn wenn Sie nur für sich kochen, dann können Sie kochen, was Sie wollen und wie Sie wollen, ohne mit Fragen wie »Ist diese cremige Suppe wirklich mit Joghurt ohne Fett gemacht, oder sind doch zwei Flaschen Sahne drin?« belämmert zu werden. Wenn Sie die cremige Suppe selbst gekocht haben, wissen Sie genau, was drin ist. Das Wissen ist beides, fettfrei und Macht.

Es ist nicht schwer, »dünn« zu kochen. Hier die Hauptregeln:

1. Nehmen Sie das Rezept nicht wörtlich. Wenn man für ein Gericht eine Tasse Öl braucht, versuchen Sie, mit einer halben Tasse auszukommen. Oder einer viertel Tasse. Oder ganz ohne. Gewöhnlich merkt man es gar nicht.
2. Nehmen Sie nur die Hälfte der vorgeschriebenen Menge Butter (wir lassen sie meistens ganz weg).

3. Dünsten oder kochen Sie die Sachen, statt sie abzubräunen oder zu braten, insbesondere, wenn es sich um zweitrangige Zutaten handelt. Sie sind zugegebenermaßen vielleicht nicht ganz so lecker, aber betrachten Sie die Dinge so: Wenn sie nicht so lecker sind, dann essen Sie auch nicht soviel. Damit haben sie noch ein zweites Diät-Plus. Wenn Sie zum Beispiel ein Hühnchen mit irgendeiner Sauce zubereiten, warum schmoren oder dünsten Sie es dann nicht (ohne Fett), statt es in Öl zu braten? Letztlich soll ja die Sauce gut schmecken; auf diese Weise sparen Sie bequem eine Menge Kalorien.
4. Lassen Sie dick machende Zutaten wie Nüsse, Avocados, Käse, Rosinen und Oliven weg. Wenn Sie meinen, daß sie absolut notwendig sind, dann geben Sie sie erst im letzten Moment als Garnierung zu. Mit diesem Trick haben Sie die Illusion, mehr zu essen, als tatsächlich der Fall ist. Wenn Zutaten gemeinsam gekocht werden, verbinden sie sich geschmacklich; alles, was Sie erst im letzten Moment wie eine Garnierung darübergeben, behält seinen Eigengeschmack. Das Aroma dieser dick machenden Gaumengenüsse wird, wenn sie dem Gericht später zugefügt werden, viel intensiver sein, so daß Sie die kleine Menge gar nicht stört. Wenn Sie zum Beispiel Ihre Salatsauce mit Olivenöl anmachen, versuchen Sie, erst Zitronensaft und/oder Balsamessig und/oder Salz zu verwenden. Dann geben Sie einen Hauch Olivenöl zu – achten Sie aber darauf, daß Sie ein wirklich gutes, schmackhaftes Olivenöl bekommen. Wenn Sie das Öl riechen und schmecken, werden Sie wahrscheinlich gar nicht merken, wie wenig Sie tatsäch-

lich verwendet haben. Brauchen Sie bei einem Rezept Nüsse, insbesondere für Krusten (etwa gebratener Fisch mit Überzug aus Pekannüssen oder auch gebackene Apfelscheiben), dann versuchen Sie, statt dessen geröstete Semmelbrösel zu nehmen – durch das Rösten schmecken sie nussig, und die Substanz ist ähnlich. Nüsse kann man auch durch Trauben-Nuß-Zerealien ersetzen, in denen überhaupt keine Nüsse sind, die aber ohne Fett und sehr knusprig sind.

5. Freunden Sie sich mit Bratfetten an, zum Beispiel Biskin oder Palmin (oder etwas ähnliches). Ihre Gerichte werden trotzem schön braun.
6. Steigen Sie auf Teflon um. Bei den bisher üblichen beschichteten Pfannen gerät alles irgendwie zu einer Art Pampe. Eine gute Pfanne, bei der nichts anbrennt, ist einfach phantastisch, wenn man etwas schön braun braten will, ohne dabei literweise Öl zu verwenden. Wie Sie erkennen, daß die Pfanne gut ist? Am Preis. Unsere bevorzugte Technik bei beschichteten Pfannen: Bratfett in eine nicht zu stark erhitzte, beschichtete Le-Creuset-Bratpfanne geben, ein Hühnchenbrustfilet ohne Haut hineinklatschen und brutzeln lassen, bis es schön angebräunt ist. Wenden Sie es, und lassen Sie die andere Seite bräunen, dann die Flamme herunterschalten, so daß es auch innen durch wird. Sollte das Filet außen zu dunkel werden, träufeln Sie etwas Wasser oder Wein oder Essig in die Pfanne, so daß etwas Dampf aufsteigt und Sie die angebrannten Stückchen von der Pfanne kratzen können (leckerer Bratensaft, den wir eventuell extra servieren). Wir raten Ihnen, das Küchenfenster

offen zu lassen und den Dunstabzug auf »stark« zu stellen, wenn Sie diese Art der Zubereitung wählen, denn es brennt leicht etwas an, wenn Sie nicht Unmengen Öl zum Fetten verwenden.

7. Wenn etwas gebraten werden muß, dann braten Sie es. Suchen Sie sich ein gutes und in unserem Sinn vernünftiges Kochbuch für diesen Zweck, in dem mit Öl zurückhaltend umgegangen wird. (Im englischsprachigen Raum wäre das Barbara Kafkas *Roasting*, das Ihnen genau erklärt, was Sie alles Ihrem Umluftherd überlassen können.) Fast alles schmeckt wirklich gut, wenn es gebraten ist, selbst ganz ohne Öl.
8. Noch besser, Sie tragen alles hinaus in den Hof und grillen es.
9. Besorgen Sie sich Spezialgeräte zum Kochen für Dünne. Dann kommen Sie sich professionell vor, selbst wenn Sie sie gar nicht so oft benützen. Wenn Sie zum Beispiel ernsthaft abnehmen wollen, sollten Sie nicht soviel Bratensauce essen. Deswegen können Sie aber trotzdem einen Schaumlöffel kaufen, eben für die seltenen Saucen-Gelegenheiten. Dieser besondere Schaumlöffel hat die wunderbare und magische Gabe, das Fett von der Bratensauce zu trennen, und er kostet nur wenig. Ebenfalls unentbehrlich ist ein Elektrogrill für drinnen, am besten mit Klappdeckel. Man legt das Grillgut – Fischfilet, Gemüse, Hühnchenbrust – auf den Grillrost, schließt den Klappdeckel, beobachtet, wie das Fett aus dem unteren Eck heraustropft, und innerhalb von ein paar Minuten ist das Essen fertig. Es ist wunderbar, man braucht kein Öl zum Einfetten; auf dem Grillgut sind echt aussehende

Grillstreifen, so daß Sie glauben, ein herrliches Picknick genießen und nicht ausgedörrtes geschmackloses Diätfutter essen müssen. Wir haben auch koreanische Wasser-Barbecues ausprobiert. Das sind ringförmige Pfannen, die mit Wasser gefüllt auf den Herd gestellt werden; darauf kommt die im Normalfall beschichtete Grillfläche. Das Essen wird dampf-gegrillt, das geht ganz gut bei dünnen, klebrigen Sachen wie Fisch und Fleisch, jedoch weniger gut bei Gemüse (es zieht sich zu stark zusammen und wird dann nicht gar). Insgesamt gesehen nicht unbedingt das Gelbe vom Ei, aber einen Versuch wert.

10. Unterschätzen Sie Zitronensaft, Wein und Essig nicht. Hierbei handelt es sich um fast kalorienlose Elixiere ohne Fett, die für Fisch, Hühnchen, Fleisch, Gemüse und Stärkemehl und zum Ablöschen und Lösen von fast allem geeignet sind.
11. Ähnliches gilt für einfachen Joghurt ohne Fett. Man kann nicht direkt damit kochen (beim Erhitzen gibt es kleine Klümpchen), aber man kann ihn überall beigeben, um die Illusion von Sahne zu erzeugen – Suppe, Kartoffelpüree, Brotaufstrich und Salatsauce.
12. Legen Sie einen Vorrat an Senf, Chutney, Gewürzen und Kräutern an, und verwenden Sie sie großzügig, um den relativ faden Geschmack Ihres kalorienarmen Essens zu vergessen. Bei einer Diät ist gedünstete Hühnchenbrust immer deprimierend. Hühnerbrust mit einem Überzug aus a) exotischem Senf, b) zerstoßenem Pfeffer oder c) einer Mischung aus Kümmel und Koriander und dann gegrillt schmeckt so, wie es sich ein normal essender Mensch vorstellt.

13. Wenn ein Rezept Hühnchen mit Haut vorschreibt, dann ignorieren Sie das und schneiden die Haut weg. Es fällt kaum ins Gewicht.
14. Mit Truthahn kann man fast alles ersetzen und eine riesige Menge an Kalorien sparen. Verwenden Sie Truthahn-Hack in Chili, Truthahnbrust im Eintopf, geräucherten Truthahn statt Schinken, Truthahnwurst statt Salami. Hühnchen geht auch, aber Truthahn ist magerer und schmeckt eher wie Fleisch.
15. Kaufen Sie bergeweise Kochbücher für fettarme Gerichte. Wenn Sie einmal fit darin sind, können Sie auch damit anfangen, diese Rezepte umzumodeln. Sie sind sicher gut, aber gewöhnlich erfordern sie noch ein wenig gesunden Menschenverstand, der darauf angesetzt wird, überall noch etwas weniger Fett zu nehmen. Wir pfeifen übrigens auf den gesunden Menschenverstand und sagen: Wenn ich schon mit wenig Fett koche, warum soll ich dann nicht das Fett ganz weglassen?
16. Wenn für ein Gericht Foie gras benötigt wird, machen Sie es nicht.
17. Backen Sie nie, aber auch wirklich nie etwas in schwimmendem Fett, nicht einmal eine Sekunde lang.
18. Wann immer Sie statt Stärkemehl Gemüse verwenden können, tun Sie es. Zerdrückte Spaghetti sind ein wunderbares Nudelgericht (mit viel weniger Kalorien). Es klingt unwahrscheinlich, aber gekocht sehen diese Spaghetti aus wie Linguine-Fäden mit etwa einem Zehntel der Kalorien, und sie schmecken mit jeder Nudelsauce. Auberginen lassen sich wie Brot in Scheiben schneiden und als Pizzabelag verwenden – wenn Sie das anekelt,

bedenken Sie, daß eine ganze Aubergine nur 90 Kalorien hat, aber ein richtiger Pizzabelag mehrere Millionen. Vermutlich ist sie auch gesund (wir machen weder dafür noch für sonst etwas Reklame – es ist nur interessant).

19. Salatsaucen ohne Fett sind eine große Hilfe für die Diät – nicht nur im Salat, sondern auch als Ölersatz bei manchen Rezepten. Wenn Sie zum Beispiel Pesto machen, dann probieren Sie einmal, das Basilikum und den Knoblauch mit italienischer Salatsauce statt mit Olivenöl zu vermengen (oder geben Sie nur einen Hauch Öl zu). Wir lassen auch den herrlichen, aber verflucht dick machenden Parmesan weg. Natürlich ist das Ergebnis keine Original-Pesto-Sauce, aber sie ist gut. Manche Salatsaucen ohne Fett sind einfach abscheulich, daher müssen Sie beim Einkaufen gut aufpassen. Wenn die Salatsauce in Ordnung ist, kann man sie bedenkenlos verwenden, zum Beispiel zu Hühnchen oder zu Folienkartoffeln.
20. Wenn ein Gericht viel Käse braucht, dann machen Sie es nicht. Wenn nur ein klein wenig Käse notwendig ist, verwenden Sie noch weniger, achten aber darauf, daß er ein starkes Aroma hat – Roquefort oder guter Parmigiano Reggiano. Dann schmecken Sie ihn, auch wenn Sie nur eine mikroskopisch kleine Menge genommen haben. Mozzarella aus fettarmer Milch und Ziegenkäse ohne Fett kann man von den Originalen kaum unterscheiden, alle anderen Käse ohne Fett taugen jedoch nicht besonders viel und sind mit Vorsicht zu genießen.
21. Wenn für Sie das Leben ohne gebratenes Hühnersteak nicht lebenswert ist, dann versuchen Sie es mit back-

braten: Wenden Sie Hühnchen/Aubergine/Fisch in Mehl, tauchen Sie sie kurz in geklöppeltes Eiweiß und dann in feine Semmelbrösel. Backen Sie die Scheiben im Backofen – bei 180 bis 190 Grad, ungefähr 30 bis 45 Minuten lang (Garzeit je nach Gericht verschieden). Wenn es besonders gut schmecken soll, dann geben Sie kräftige Gewürze in das Mehl, wie Paprika, gemahlenen Pfeffer, Knoblauchpulver, Beifuß oder Majoran.

22. Saucen und Suppen etc. lassen sich auch auf andere Weise ohne Butter und Sahne eindicken, und zwar durch Hinzufügen einer kleinen Menge pürierter weißer Cannelini-Bohnen (nehmen Sie die aus der Dose, dann haben Sie die Arbeit mit den frischen nicht). Diese Bohnen haben einen ziemlich neutralen Geschmack und sind ohne Fett.

Vorstehende Regeln eignen sich nicht für das Backen

Die Konsistenz von Backwaren ist komplizierter als zum Beispiel die eines Rindfleischeintopfs. Der Eintopf kann nach Herzenslust verdickt, verdünnt, mit Wasser aufgegossen und verfeinert werden. Beim Backen kann man nicht so ohne weiteres mogeln. Wenn Sie beim Plätzchenteig die Butter weglassen, dann werden eben keine Plätzchen daraus, und wenn Sie bei einem Teig, der aufgehen soll, zu großzügig mit dem Rezept umgehen, werden Sie entweder etwas Flachgedrücktes vorfinden oder von einer Explosion überrascht. Es gibt schon Tricks, wie man Backrezepte für Dünne abändern kann – Sie müssen jedoch den richtigen Ersatz finden, sonst erleben Sie einen Reinfall.

1. Lassen Sie das Eigelb weg. Oder verwenden Sie nur ganz wenig. Gewöhnlich kann man ein Eigelb durch zwei Eiklar ersetzen. Erfordert ein Rezept vier Eigelb, versuchen Sie, nur eines oder zwei zu nehmen (für Farbe und Geschmack), für den Rest aber Eiklar.
2. Experimentieren Sie vorsichtig mit Fett-Ersatz. Am besten kommen Sie zurecht, wenn Sie bei Ihrem Experiment etwas backen, das von der Struktur und Eßbarkeit her nicht so empfindlich ist. Gebratene Apfelscheiben ohne Fett sind uns zum Beispiel gut gelungen; wir haben die Butter durch Joghurt ohne Fett ersetzt. Das ging deshalb so gut, weil der Hauptteil des Gerichts aus Äpfeln besteht. Butter verwendet man nur, damit die Kruste besser schmeckt, und Joghurt ist als Ersatz gut geeignet. Außerdem sind gebratene Apfelscheiben nur eine Ausrede dafür, warme Äpfel mit Zucker essen zu können, und dann macht es auch nichts aus, wenn der Überzug etwas an Mus erinnert. Es schmeckt trotzdem gut.
3. Nüsse sind herrlich, aber machen, ach, so dick. Sie werden es gar nicht merken, wenn Sie sie bei manchen Sachen wie zum Beispiel Keksen mit Schokoladeraspeln weglassen. Die sollten Sie sowieso nicht essen, aber wenn Sie schon nicht darauf verzichten können, dann seien Sie wenigstens etwas diszipliniert, und lassen Sie die Walnüsse weg (ungefähr 630 Kalorien pro 100 g. Verstehen Sie, was wir meinen?).
4. Es führt wohl kein Weg an der Butter vorbei, wenn man Kuchenteig und Tortenüberzüge macht, also lassen Sie davon am besten die Finger.

WAS DÜNNE FRAUEN IN DER KÜCHE HABEN (FALLS ÜBERHAUPT ETWAS)

- Kekse, die Ihren Kindern schmecken und Ihnen nicht
- Teure Gewürze (Damit schmeckt fades Essen so lecker, als ob Sie es in einem feinen Restaurant bestellt hätten.)
- Teurer Senf (Reden Sie sich ein, daß er Ihren Stoffwechsel in Schwung bringt; auch ein guter Ersatz für Mayonnaise – na gut, kein umwerfender.)
- Suppe
- Ananas-Hüttenkäse ohne Fett (Streuen Sie Süßstoff darauf, und schon wird eine Nachspeise daraus.)
- Sehr teures Obst (aber nicht zu reif – siehe »Reifes oder unreifes Obst«)
- Das eine oder andere Schneekoppe-Produkt
- Wasa Extra-Crisp Cracker (25 Kalorien pro 28 g)
- Hartgekochte Eier (das Weiße für die Mahlzeit, das Gelbe zum Dessert)
- Edamane (Das ist nur ein anderer Name für gekochte Sojabohnen; mit 130 Kalorien auf 1/2 Tasse eignen sie sich gut als Ersatz für Nüsse, aber nicht für Salatsprossen.)
- Thunfisch mit Senf (macht selbst Vielfraße satt)

- Kräutertee (Man schwitzt unangenehm darauf, er macht satt, und die Zubereitung ist eine harte Prüfung – sie dauert mindestens 15 Minuten, und in dieser Zeit können Sie nichts essen.)
- Kleine, junge Karotten (Wir mögen sie nicht, aber alle anderen anscheinend schon …)
- Sellerie (Kein Negativ-Kalorien-Essen, aber wenn Sie davon dick werden, gehen Sie ins Buch der Diät-Geschichte ein.)
- Fenchel (schmeckt relativ gut UND ist harntreibend!)
- Kantalupe
- Grapefruit
- Joghurt ohne Fett (kann alles und jedes ersetzen, vermutlich sogar Häagen-Dazs-Schokolade-Sorbet. Er schmeckt gut, und man braucht keinen Süßstoff.)
- Diät-Fruchtsafteis (keine Kalorien)
- Eine Handvoll Cashewnüsse (aber nicht mehr)
- Kohlsuppe (Wir glauben nicht an die Theorie, daß sie Fett verbrennt, aber sie schmeckt sicher gut.)
- Wein (Trinken Sie weiter, dann denken Sie nicht ans Essen, es sei denn, Sie gehören zu denen, die sich dann um so mehr daran erinnern.)
- 50 dunkle Schokoladenbonbon-Riegel (siehe »Spezial-Fastentips«)
- Haushaltsessig, Spülmittel oder etwas ähnliches (Über die kulinarische Versuchung gießen, damit Sie sie nicht essen.)

WAS SIE GEGEN CELLULITIS TUN KÖNNEN

Behalten Sie die Hose an!

DIÄTBÜCHER, DIE WIR GERN GESCHRIEBEN HÄTTEN

Auch wenn es uns schwerfällt, müssen wir einsehen, daß vor, während und vielleicht auch nach *Was dünne Frauen über Diäten wissen – aber nie verraten würden* andere Diätbücher geschrieben wurden bzw. werden. Das ist wohl unbestreitbar. Es gibt davon so viele, daß Sie, wenn Sie von jedem nur eine Seite verzehren würden, völlig aufgedunsen wären, obgleich Papier nur einen unbedeutenden Kaloriengehalt aufweist. Wir verbürgen uns für keines von ihnen – sie sind rein geistige Kost, die einzige Art absolut kalorienfreier Nahrung:

Ich esse um abzunehmen

Das Buch der fetten Jungs

Freude am Abnehmen

Überliste deinen Appetit

Die Popcorn-Diät

Die Diät vom Siebten Tage

Wie ich 36 000 Pfund abgenommen habe

So zähmen Sie das Freßbiest

Der Weg der Azteken zu gesunder Ernährung

Kalorien zählen nicht

Neues über Diät und Diätethik

Martin Luther und die Diät von Worms

Faste und stirb

Das Diätbuch für Junkies

Das Diätbuch für Arzt, Patient und Hausfrau: Mit Menüvorschlägen für eine Woche

Die Hunde-Diät

Diät für Feinschmecker

Fasten ohne zu verzweifeln

Essenskunde: unsere Diätexperimente zwischen Irrsinn und gesundem Menschenverstand

Diät für Trinker

Diät für Esser

Aus Liebe essen. Mit Ratschlägen für Gichtkranke, Rheuma-Leidende und Diabetiker; ein Buch für jedermann

Genießen Sie das Abnehmen

Spesenkonto-Diät

Fleischlose Diät

Taillen-Kontrolle: Für weibliche Schönheit, männliche Kraft, Gesundheit und ein langes Leben für alle

Das Schwein und ich. Eine narrensichere Methode zur Gewichtskontrolle

Schlank durch Sex

Wie man ab- oder zunimmt

Dünn ist in

Dünn sein ist einfach lustiger

Der lebendige Mensch: Du bist halb tot

Martinis und Schlagsahne. Der neue Weg zum Abnehmen und Schlankbleiben mit Kohlehydraten und Kalorien

Die Diät für Willensschwache

Das Kochbuch für kau-freies Essen

Pfunde weg!

Werde dünn und bleibe dünn!

Abnehmen auf französisch

Bleib schlank ein Leben lang. Ein Diätkochbuch für

Millionen Übergewichtige

Siegen Sie mit Gemüse

Achte auf dein Gewicht – der Torah-Weg

Was Sie über das Fleisch-Essen nicht wissen

Mach den Mund zu und rette dein Leben

Überflüssiges Fett

SPEZIAL-FASTENTIPS

Hier sind sie. Eine Sammlung der beliebtesten Tips unserer schlanken Freundinnen. Sie haben Erfolg damit. Und mit manchen werden auch Sie Erfolg haben:

- Sit-ups in der Badewanne.
- Schlucken Sie ein ganzes, hartgekochtes Ei hinunter ohne irgend etwas anderes und ohne Flüssigkeit zum Nachspülen. Wenn es klappt, bleibt es Ihnen im Halse stecken, so daß Sie nichts anderes essen können.
- Nehmen Sie unterwegs kein Geld mit, so daß Sie nichts Eßbares kaufen können.
- Putzen Sie die Zähne früh am Abend, dann können Sie danach nichts mehr essen.
- Essen Sie nie ein Sandwich: Das ist dumm.
- Kaufen Sie prinzipiell vor allem im Reformhaus und in vergleichbaren Geschäften ein.
- Winden und krümmen Sie sich beim Sex (stellen Sie sich vor, Sie wären eine Schlange, durch deren Körper jemand einen Pfahl gerammt hat).
- Reisen Sie in ein Land der Dritten Welt – Sie werden locker sieben bis acht Pfund abnehmen.

- Rauchen Sie nur zwei Zigaretten am Tag.
- Machen Sie während der Mahlzeit eine Zigarettenpause.
- Kleben Sie ein Foto von einem wirklich fetten Kerl wie einem japanischen Sumo-Ringer an Ihren Kühlschrank.
- Werden Sie eine Pseudo-Alkoholikerin, und Sie werden kein Interesse mehr am Essen haben.
- Kaufen Sie eine Nachspeise, essen Sie ein klein wenig davon, und werfen Sie den Rest weg.
- Geben Sie Ihr Essen dem Hund.
- Lernen Sie, sich etwas darauf einzubilden, wenn Sie Essen wegwerfen.
- Streuen Sie Salz auf Ihre Nachspeise.
- Lackieren Sie sich die Fingernägel, dann können Sie weder eine Gabel halten noch mit den Fingern essen. Ähnlich gut: Lernen Sie Nähen.
- Trinken Sie drei Eßlöffel Essig am Tag.
- Machen Sie ein Nickerchen, statt sich vollzuessen.
- Stillen Sie. (»Ich würde meine 29jährige Tochter noch stillen, wenn sie mich nicht schon mit acht Monaten abgewiesen hätte«, meinte unsere dünne Freundin Lucille.)
- Probieren Sie ein neues Restaurant lieber mit einer Frau statt mit einem Mann aus, dann können Sie vernünftiger bestellen.
- Lenken Sie die Schritte Ihres Begleiters zu einem sehr teuren Restaurant, denn dort sind die Portionen kleiner und die Speisekarte enthält mehr Diät-Möglichkeiten.
- Ermutigen Sie Ihren Ehemann, Gerichte zu bestellen, die Sie nicht mögen.
- Frühstücken Sie nie – Sie verschleudern sonst 500 Kalorien.

- Essen Sie mit Kindern und alten Leuten zu Abend, und essen Sie dann nichts mehr bis zum nächsten Tag.
- Hüten Sie sich vor Obstsäften. Sie enthalten mehr Kalorien, als Sie glauben!
- Geben Sie viel Geld für einen persönlichen Fitneßtrainer aus, dem Sie nicht absagen können. So läßt sich Ihr Training nicht umgehen.
- Sport ist eine Therapie, kein vergnüglicher Zeitvertreib.
- Machen Sie mit Kindern Sport, dann müssen Sie mit gutem Beispiel vorangehen.
- Lutschen Sie Ricola-Halsbonbons. Aufgrund des intensiven Geschmacks haben Sie danach erst mal keine Lust, was zu essen.
- Schokolade, um den Appetit zu zügeln.
- Gefrorene Blaubeeren.
- Feigen und Wasser.
- Scharfe rote Peperoni.
- Trinken Sie ein Gebräu aus Zitronensaft, Cayennepfeffer und Ahornsirup – davon wird Ihnen so übel, daß Sie nichts essen können.
- Bewahren Sie zu Hause nur Nahrungsmittel auf, die gekocht werden müssen.
- Gehen Sie Anziehsachen kaufen statt zum Mittagessen.
- Kaufen Sie sich nur eine einzige unersetzbare Kombination, die Sie demnächst bei einem wichtigen Anlaß anziehen müssen.
- Legen Sie bei Geschäftsreisen Ihre Ankunftszeit auf später als neun Uhr abends – in den meisten Städten gibt es um diese Zeit nichts mehr zu essen.
- Eine Mahlzeit pro Tag.

- Lassen Sie die Vorspeise weg, essen Sie nur den Rest.
- Bestellen Sie irgend etwas, aber essen Sie nur die Hälfte von dem, was auf Ihrem Teller ist.
- Wenn Sie einen Kuchen möchten, dann essen Sie einen Biskuitkuchen.
- Großzügigen Tagen – »Hamburger-Tag«, »Teekuchen-Festival« – folgen zehn Salattage.
- Paracetamol als seelische Starthilfe.
- Essen Sie mittags Protein.
- Wenn Sie die Freßlust überkommt, dann schlucken Sie schnell ein Valium, schalten den Fernseher ein, und der Essensdrang geht vorüber.
- Wenn Sie nicht zuviel essen wollen, dann sagen Sie sich vor, daß es Ihnen an Nahrung nie mangeln wird.
- Fahren Sie mal nach New Orleans, und schauen Sie sich all die fetten Leute an.
- Kaufen Sie billige Lebensmittel – Eis oder Brot von schlechter Qualität enthält weniger reichhaltige Zutaten und mehr Luft.
- Trinken Sie die ganze Nacht, so daß Sie den ganzen Tag über schlafen (und deshalb nichts essen).
- Speichelfluß: Kauen Sie Ihr Essen langsam.
- Masturbation läßt Essen weniger dringlich erscheinen.
- Essen Sie nie etwas, das an Ihrem Teller klebenbleibt, wenn Wasser darüberrinnt (»Wassertropfen-Test«).
- Versuchen Sie, sich mit Amoebenruhr anzustecken.
- Halten Sie sich stets einen Vorrat von 50 Schokoriegeln, so daß Sie nie Angst haben müssen, es fehlte Ihnen an etwas.
- Malen Sie sich abends, bevor Sie zu Bett gehen, aus, daß Sie dünn sind.

- Dünsten Sie alles, was man dünsten kann.
- Essen Sie, was Sie essen möchten, aber schlucken Sie es nicht hinunter. Spucken Sie es wieder aus.
- Hängen Sie beim Essen kopfüber, dann behalten Sie das Essen nicht. (Wir schwören Ihnen, wir kennen eine Frau, die das macht.) Handstand geht auch.
- Lassen Sie sich ärztlich untersuchen. Durch die Angst vor dem Ergebnis verlieren Sie 4 ½ Pfund.
- Suchen Sie sich einen Liebhaber (»Die Diät der untreuen Gattin«).
- Lassen Sie Ihr gieriges Ego verhungern.

BINSENWEISHEITEN

Wir bringen es kaum über uns, aber nun werden wir aus sentimentalen Gründen, und um unser Gedächtnis aufzufrischen, die uralten Diät-Weisheiten wieder auskramen:

- Gehen Sie zu Fuß, statt mit dem Auto zu fahren; nehmen Sie die Treppe, nicht den Aufzug; parken Sie das Auto soweit wie möglich von Ihrer Haustür entfernt.
- Essen Sie keine Nachspeise. Nicht einmal ein Häppchen.
- Wenn Sie auf der Nachspeise bestehen, dann lassen Sie das Hauptgericht weg.
- Essen Sie nie, nie, nie Mayonnaise.
- Wenn Sie wählen können, dann nehmen Sie Fisch und Hühnchen statt Rindfleisch oder Kalbfleisch. Schneiden Sie die großen Fettränder vom Steak oder vom Kotelett, dann sparen Sie ein paar Kalorien. Geben Sie keine Butter auf Ihr Filet Mignon.
- Fertigspeisen haben immer eine Menge Kalorien.
- Essen Sie keine Kartoffelchips oder Speckschwarten.
- Essen Sie nichts Gebratenes.
- Ohne Fett bedeutet NICHT ohne Kalorien.
- Gehen Sie nicht einkaufen, wenn Sie Hunger haben.

- Nehmen Sie kleine Portionen. Lecken Sie Ihren Teller nicht ab.
- Lernen Sie, mit einem kleinen Hungergefühl zu leben.
- Wenn Sie Hunger haben, dann warten Sie fünf oder zehn Minuten ab und schauen, ob das Hungergefühl aufgehört hat. Wenn Sie immer noch Hunger haben, dann essen Sie etwas.
- Bewahren Sie zu Hause keine dick machenden Nahrungsmittel auf. Kaufen Sie nichts für Ihre Kinder, das Sie auch gern essen.
- Essen Sie nie vom Teller anderer.
- Ein Sandwich ist eine Dummheit. Essen Sie entweder das Fleisch oder das Brot, aber nicht beides.
- Salatsaucen haben eine Menge Kalorien.
- Soft Drinks mit Zucker haben unglaublich viele Kalorien. Freunden Sie sich mit NutraSweet an.
- Wasser eignet sich großartig dazu, daß man sich satt fühlt. Verlängern Sie damit, was immer Sie können (Suppe, Eintopf etc.).
- Meiden Sie Buffets. Wenn Sie doch mal eines sehen, dann essen Sie nichts.
- Bestellen Sie im Flugzeug Gerichte mit wenig Fett und wenig Kalorien.
- Essen Sie nicht im Auto, im Bett, auf der Straße, vor dem Kühlschrank, aus Packungen, mit den Fingern.
- Donuts und Hotdogs können Sie für den Rest Ihres Lebens vergessen.
- Tragen Sie bei Abendessen enganliegende Hosen und Hemden. Wenn Sie keine Luft mehr kriegen, hören Sie sofort auf zu essen.

- Glauben Sie weder Ihren Freundinnen noch Ihrer Mutter, wenn sie sagen, Sie sehen schlank aus. Die werden sowieso immer sagen, Sie seien viel zu schlank.

REZEPTE

In jedem Diät-Buch stehen Rezepte. Da ist einmal das obligatorische Sorbet, der Salat und Gazpacho. Wir haben nichts gegen diese Rezepte. Sie enthalten Standard-Diät-Nahrung. Doch die folgenden Rezepte sind in unseren Augen ... origineller.

Kuchen-Fake

»Während viele Käsekuchen besser schmecken als dieser, haben kaum welche weniger Kalorien.«

7 große Eier, getrennt
3/4 Tasse Hüttenkäse
1/4 Teel. Tartarcreme
2 Eßl. Zucker und zwei Teel. Saccharin
Zimt nach Geschmack
1/2 Teel. Vanille-Extrakt
Zitronenschale, soviel Sie wollen
Halbfettbutter oder noch besser Backspray ohne Fett

1. Trennen Sie die Eier. Geben Sie das Eiweiß in eine große Schüssel. Geben Sie zwei Eigelb in eine andere Schüssel.
2. Rühren Sie die Eigelb schaumig. Fügen Sie den Zucker, den Vanille-Extrakt, den Zimt und die Zitronenschale hinzu.
3. Geben Sie den Hüttenkäse in einen Mixer, bis er cremig, ohne Klümpchen und suppig wird.
4. Schütten Sie die Eigelb und den Hüttenkäse zusammen, und stellen Sie die Schüssel beiseite.
5. Schlagen Sie die 7 Eiklar, bis sie steif sind. Fügen Sie die Tartarcreme hinzu. Dann den Zucker und das Saccharin (der Zucker macht den Eischnee steif, aber wenn Sie ganz streng auf Diät sind, nehmen Sie nur Süßstoff und verzichten auf die Steife).
6. Jetzt schütten Sie die Mischung aus Eigelb und Hüttenkäse in den Eischnee. Nehmen Sie mehr Süßstoff, wenn er nicht süß genug ist, vielleicht auch mehr Zimt.
7. Schütten Sie die Masse in eine gefettete Springform von 25 cm Durchmesser.
8. Backzeit: 40 Minuten bei 170 Grad.
9. Lassen Sie den Kuchen bei Zimmertemperatur abkühlen, und stellen Sie ihn dann im Kühlschrank kalt. Kalorien pro Kuchen: 464. (Wir möchten nicht, daß Sie ein schlechtes Gewissen bekommen, darum verschweigen wir Ihnen die Kalorien pro Portion, setzen aber stillschweigend voraus, daß Sie zu essen aufhören, bevor der ganze Kuchen alle ist.)

Du Darfst

Streichen Sie Du-Darfst-Butter auf die dünnste Scheibe Brot, derer Sie habhaft werden können, oder auf die Schale einer Folienkartoffel.

Jetzt 30 bis 40 Sekunden in die Mikrowelle oder so lange, bis die »Butter« Blasen wirft wie eine Scheibe Käse beim Überbacken.

Tupfen Sie das Fett mit Küchenkrepp ab. Die »Butter« schmeckt fast wie Schweizer Käse. Mittlerweile glauben Sie selbst schon dran, wie köstlich sie ist. Wenn Sie wirklich Hunger haben, glauben Sie sogar, es schmeckt besser als Käsefondue.

Kalorien: Es kommt darauf an, wie Sie das Wort »streichen« definieren, aber sagen wir einmal 80.

Feinste Kartoffeln

Schneiden Sie eine Kartoffel in dünne Scheiben.

Legen Sie die Scheiben auf ein Küchenkrepp.

Geben Sie sie 5 Minuten lang in die Mikrowelle, oder so lange, bis die Scheiben noch Biß haben oder knusprig sind. Dabei kommt es darauf an, ob Sie Pommes oder Kartoffelchips imitieren wollen.

Salz oder Gewürz ist notwendig.

Dieses Rezept kann man auch für Zucchini, Auberginen oder Karotten verwenden.

Kalorien: Machen Sie sich da mal keine Sorgen.

Auberginen-Pizza ohne Belag

Schalten Sie Ihren Grill ein.

Schneiden Sie eine Aubergine der Länge nach in 1 cm dicke Scheiben. Schneiden Sie die Schale auf keinen Fall weg.

Fetten Sie die Auberginenscheiben ganz leicht ein, legen Sie sie im Kreis auf ein Backpapier oder eine Pizzaform, und lassen Sie sie leicht überlappen.

Jetzt stellen Sie sie 5 bis 8 Minuten in den Grill oder so lange, bis die Aubergine allmählich braun und weich wird.

Nehmen Sie das Backpapier vom Grill.

Schalten Sie den Herd auf 350 Grad.

Belegen Sie die Auberginen mit Pizza-Zutaten – Tomatensauce ohne Fett, fettarmer Ziegenkäse, Basilikum, Zwiebel, Pilze, Knoblauch.

Nehmen Sie die Würstchen und Peperoni, die Sie soeben daraufgelegt haben, wieder herunter, und werfen Sie sie weg.

Nun zurück zur Pizza. Würzen Sie sie großzügig, und schieben Sie sie zurück in den heißen Ofen. Backzeit: 10 Minuten.

Lassen Sie die Pizza vor dem Aufschneiden leicht auskühlen, und stellen Sie sich darauf ein, daß sie mit Messer und Gabel gegessen werden muß, weil sie tropft.

Kalorien: die gleiche Anzahl wie fettarme Pizza minus Belag.

UNSERE SCHLUßGEDANKEN

Im Gegensatz zu dem, was in den Diätbüchern steht, gibt es eine Diät-Magie. Die Zauberkraft liegt in dem Satz: weniger essen. Und die Herausforderung liegt darin, wie man dazu kommt, weniger zu essen. Aber wie Sie es auch immer anstellen, eines ist sicher: Dadurch, daß Sie kalorienmäßig gesehen weniger essen, werden Sie abnehmen. Am besten, Sie gehen so vor, wie es für Sie persönlich funktioniert. Die breite Palette an Geheimnissen und Tips, die bei den Mittagessen für Dünne angeboten wurde, hat uns davon überzeugt. Sie ähneln vielleicht manchen der vielen Frauen, mit denen wir beim Essen waren und denen es gelingt, weniger zu essen, wenn Sie bei einer Diät mit wenig Fett bleiben. Oder Sie gehören zu der Gruppe, die auf eine Diät mit viel Protein schwört. Sie können ein Anhänger des Diät-Autors sein, der bei einem unserer Lunches die Segnungen sowohl des Kaugummi als auch großer Mengen Kaffee pries. Vielleicht haben Sie Erfolg damit, weil Sie nach Sonnenuntergang Ihren Kühlschrank mit einem Vorhängeschloß verschließen. Möglicherweise erhalten Sie Ihre Motivation wie die wahnsinnig schlanke Autorin von Reiseführern, die zu unserem Mittagessen Nr. 9 kam, dadurch, daß Sie zwei traumhafte, hautenge Kleider im Schrank hängen haben. Es kann gut für Sie sein, ein riesiges Frühstück zu verspeisen oder aber das Frühstück ganz wegzulassen (unsere Mittagessen-Freundinnen waren diesbezüglich unterschiedlicher Ansicht – im Verhältnis 50 : 50). Vielleicht ist es auch am besten, Sie lassen das Essen ganz weg, bis Sie ins Bett gehen.

Auf die Methode kommt es nicht an. Das einzig Wichtige ist, daß Sie herausfinden, was Ihnen, Ihrem Appetit und Ihrer persönlichen seelischen und körperlichen Verfassung am ehesten entspricht, und daß Sie dann so lange dabeibleiben, wie es Ihnen hilft.

Dann müssen Sie einen neuen Weg finden. Verfolgen Sie ihn, solange es Ihnen nützt. Es gibt keinen Grund zu der Annahme, daß nur eine bestimmte Diät als dauerhafte Antwort auf Ihre Oberschenkel angesehen werden kann, und es ist überhaupt nichts dagegen einzuwenden, wenn Sie sich von einer Methode zur anderen vorankämpfen. Wenn die Diät mit wenig Fett eine Zeitlang geholfen hat, dann aber plötzlich nicht mehr, bedeutet das nicht Scheitern – sondern Abwechslung! Es ist sinnlos, eine empfohlene Diät, die nichts mehr bringt, rigoros weiterzuführen (mit Ausnahme unserer eigenen natürlich), denn keine spezielle Diät hilft, mit Ausnahme der einen, mit der man leben kann. Um schlank zu werden, müssen Sie sich selbst kennen. In diesem Buch haben wir einige Tricks und Methoden beschrieben, die einer großen Zahl uns bekannter, schlanker Frauen geholfen haben. Vielleicht wird der eine oder andere davon auch Ihnen helfen.

Ach, übrigens, Kalorien zählen tatsächlich. Und wie.

Zum Ende eine Schlußfolgerung. Wir sind fett gewesen,

und wir sind dünn gewesen, und wir haben immer wieder in verschiedene Konfektionsgrößen gepaßt. Abschließend möchten wir feststellen, daß wir – erstaunlich, nicht wahr? – am liebsten dünn sind. Das heißt, selbst dann, wenn wir am Ende des Tages vollgestopft sind mit Stangensellerie und Slim-Fast und ein unbändiges Verlangen nach Schokolade und Sahne haben, sind wir immer noch der Meinung, daß dünn zu sein die ganze Mühe lohnt, wenn wir zur Belohnung keinen Schuhlöffel brauchen, um in unsere Lieblingsjeans zu kommen.

Wenn auch Sie Diät-Tips haben, dann senden Sie sie bitte in englischer Sprache an skinnygirls@juno.com.